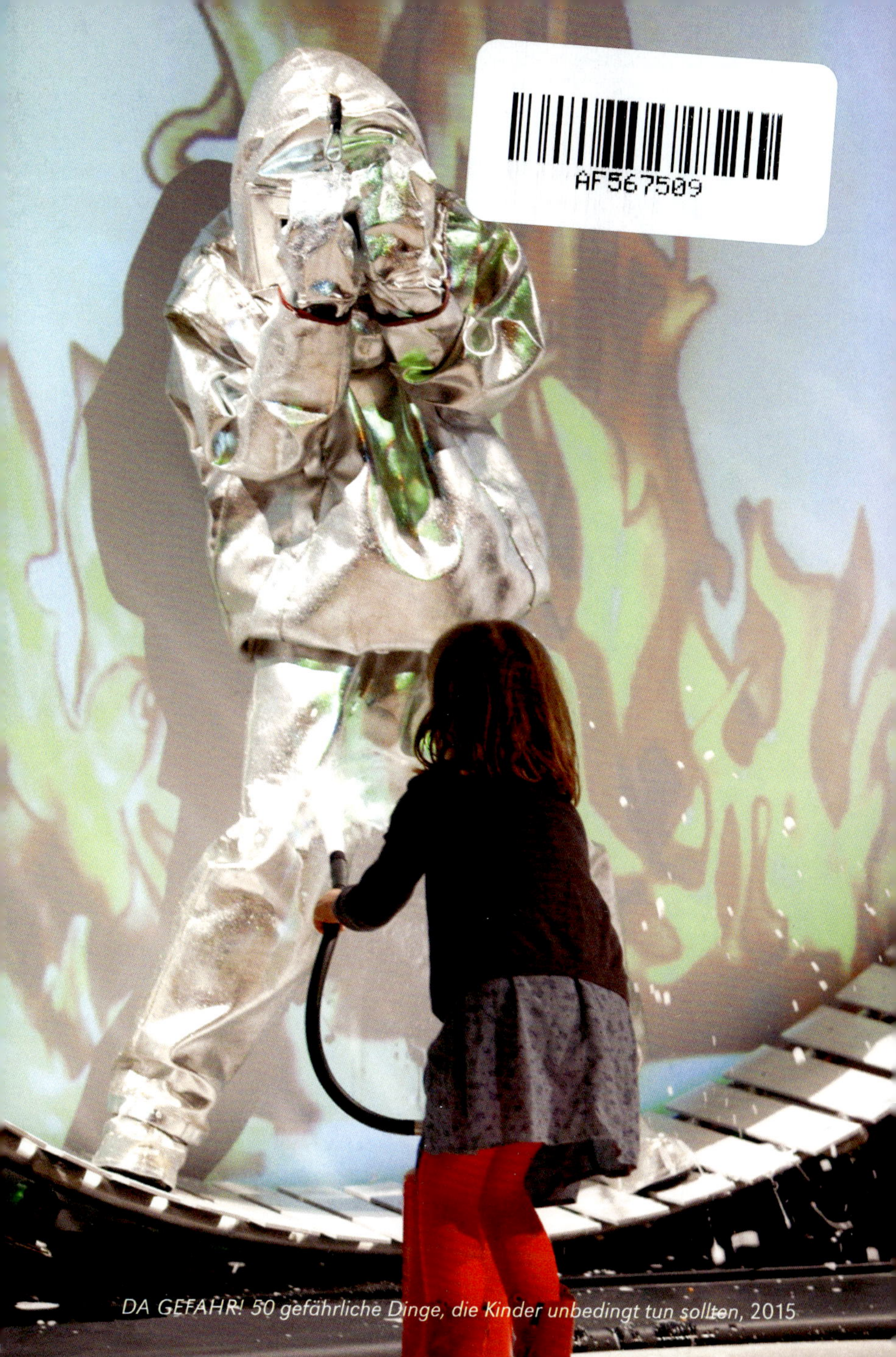

DA GEFAHR! 50 gefährliche Dinge, die Kinder unbedingt tun sollten, 2015

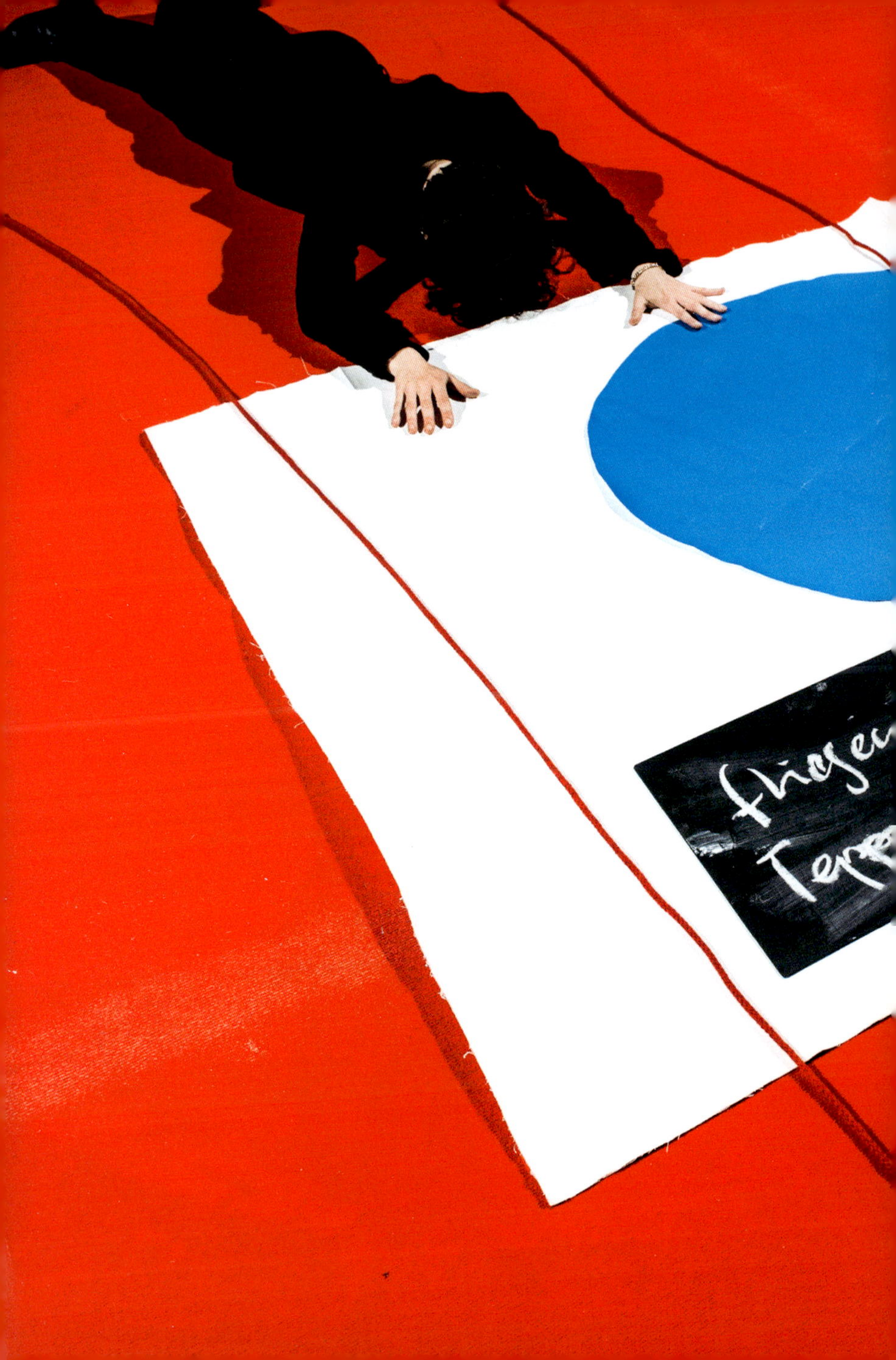

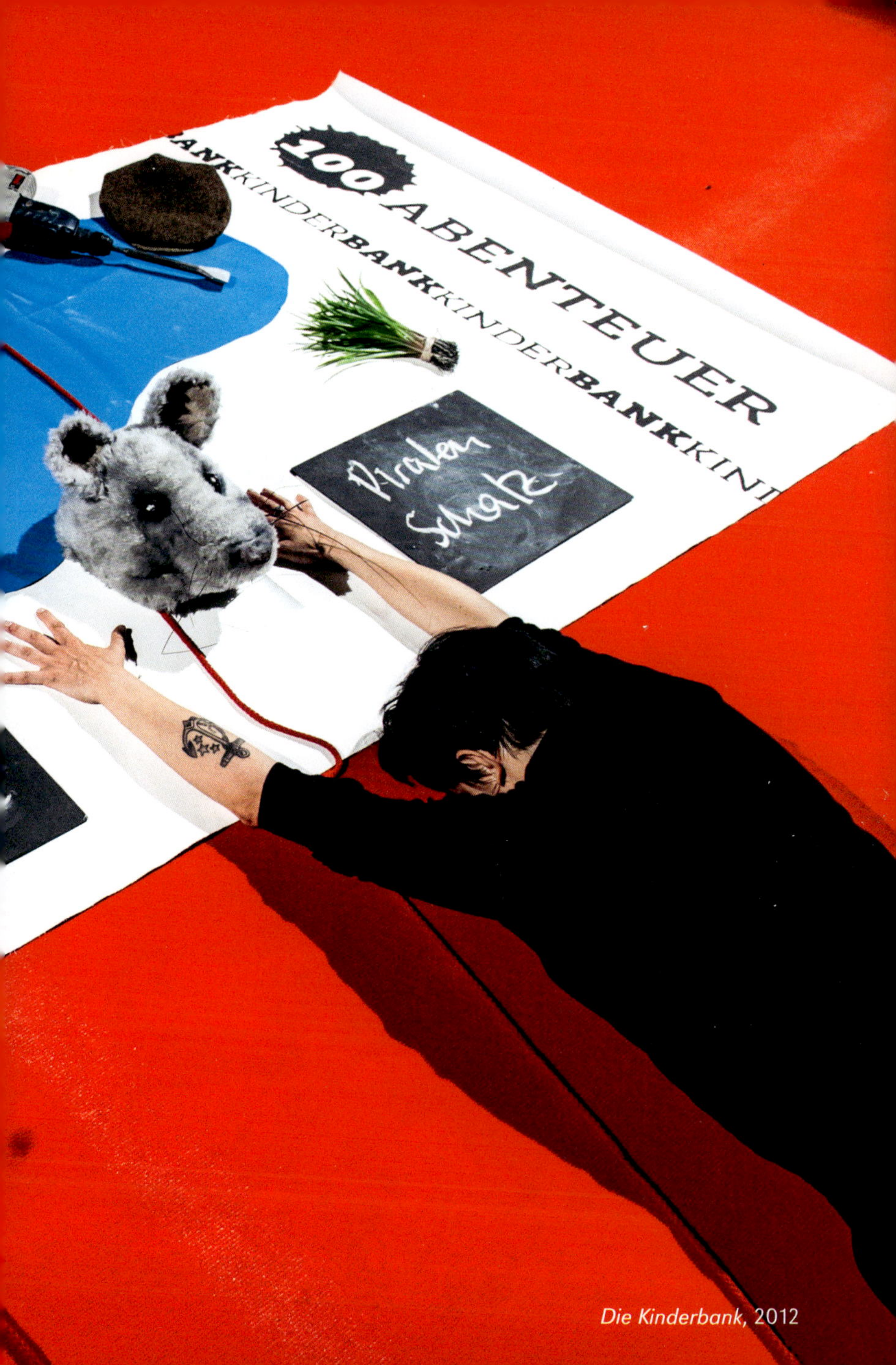

Die Kinderbank, 2012

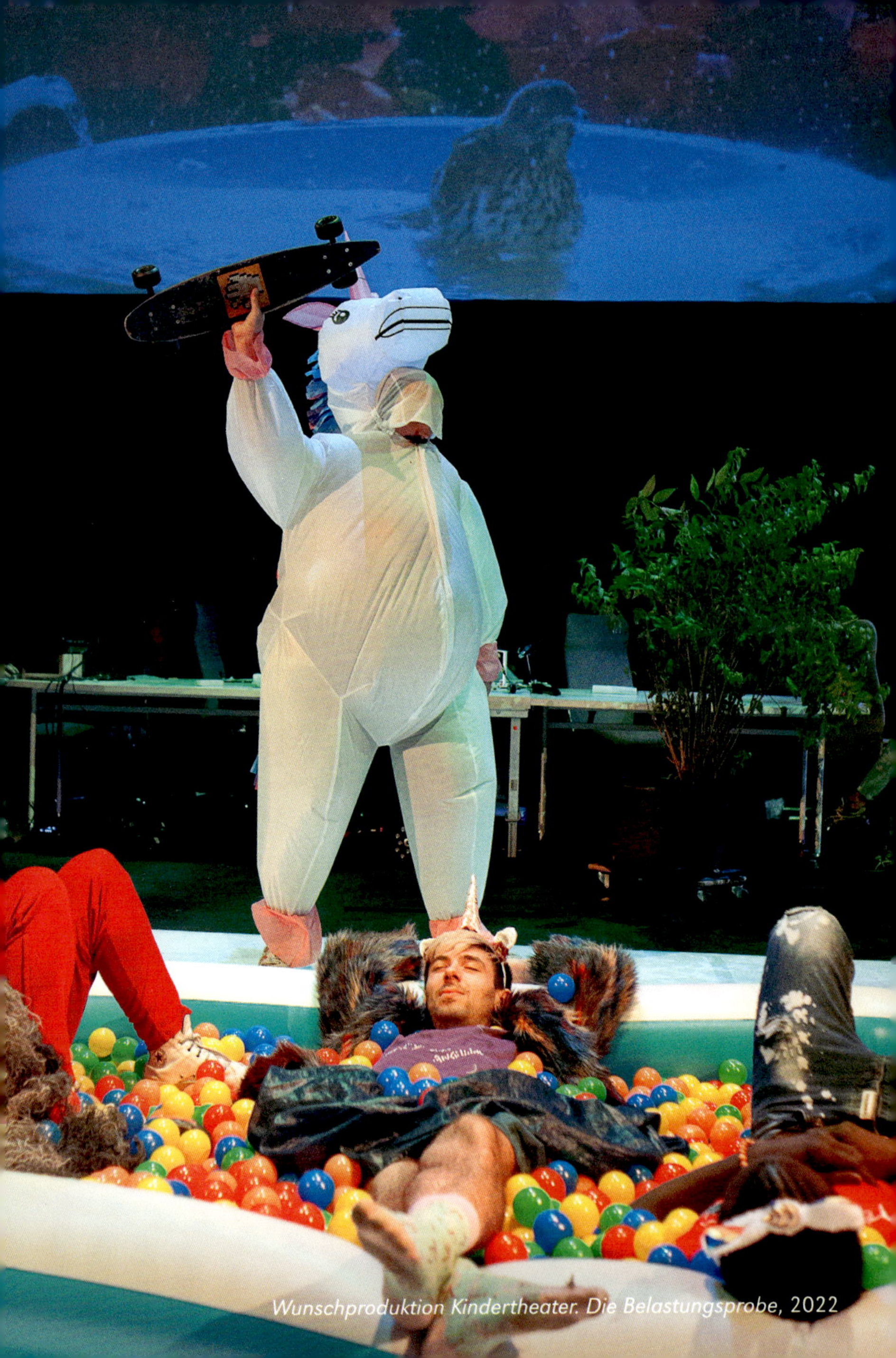

Wunschproduktion Kindertheater. Die Belastungsprobe, 2022

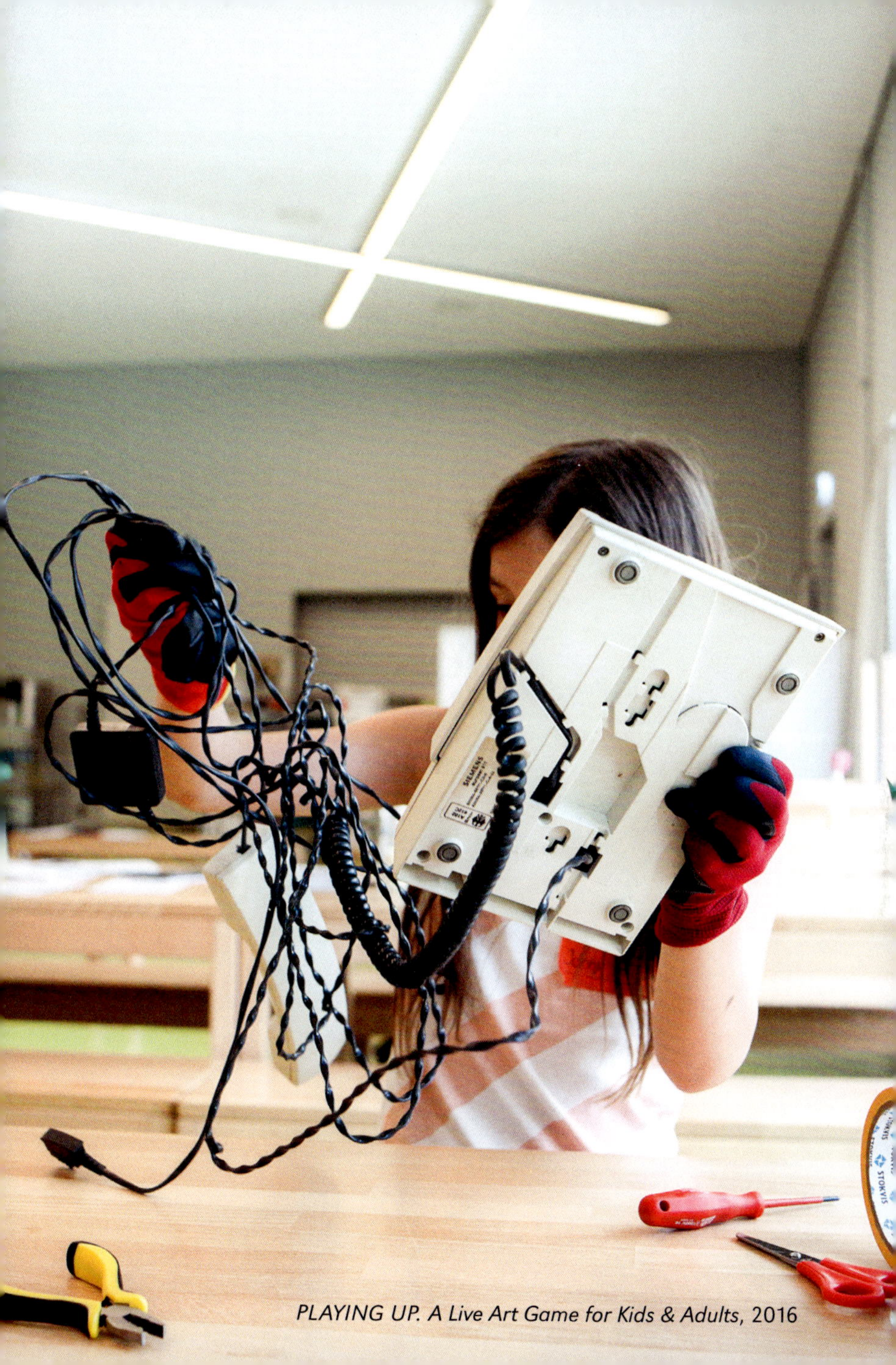

PLAYING UP. A Live Art Game for Kids & Adults, 2016

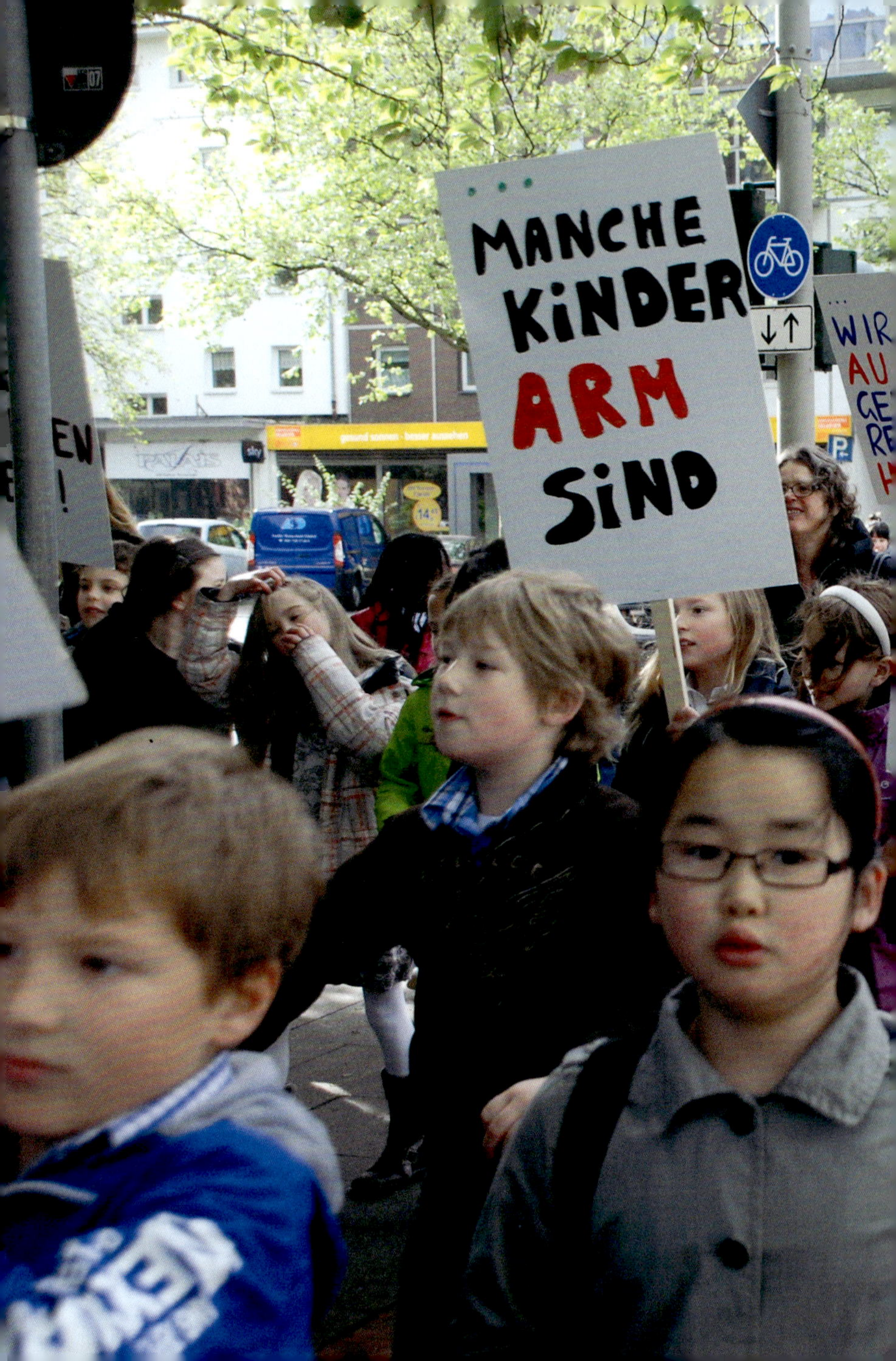
MANCHE
KiNDER
ARM
SiND

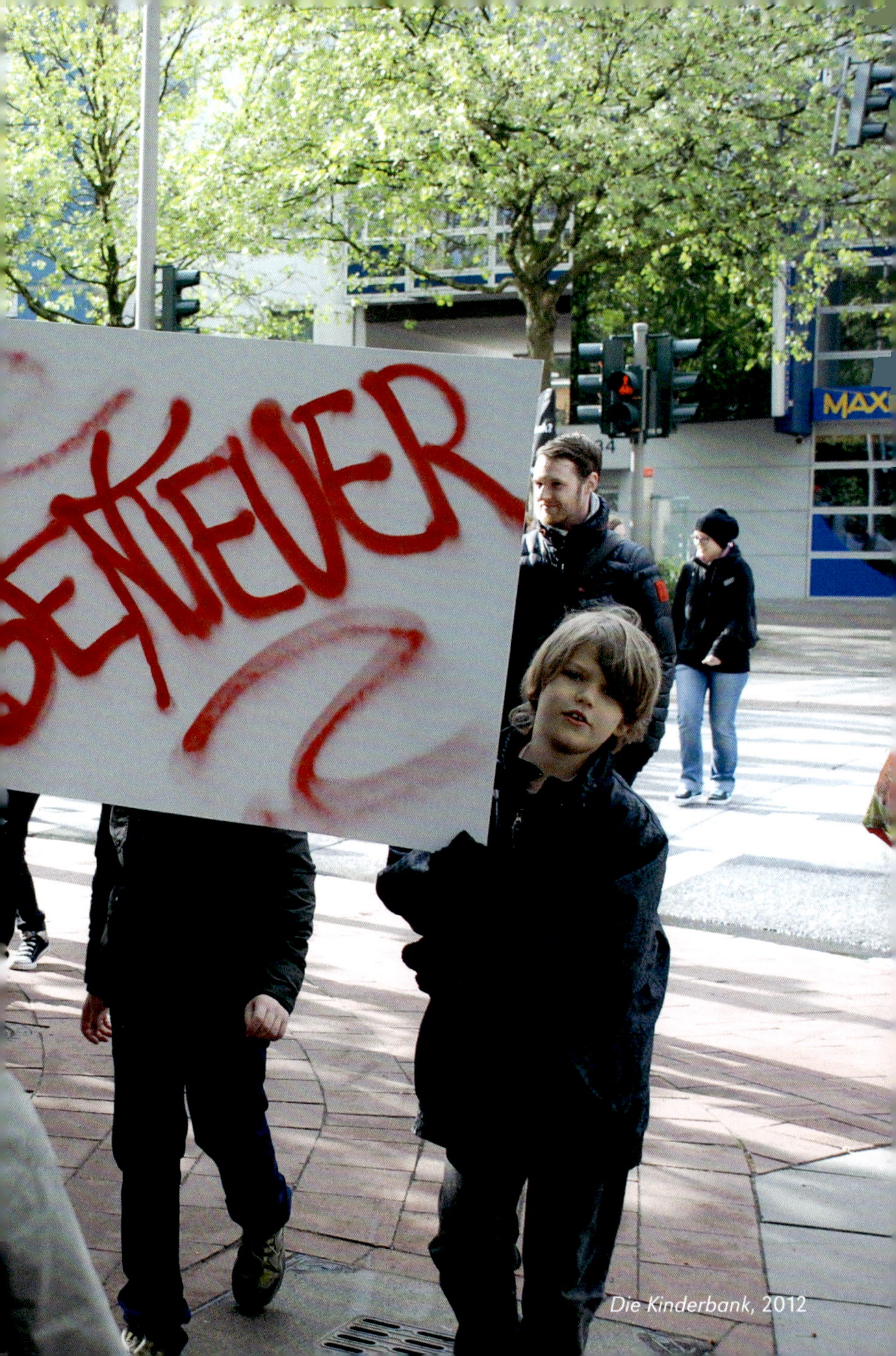

Die Kinderbank, 2012

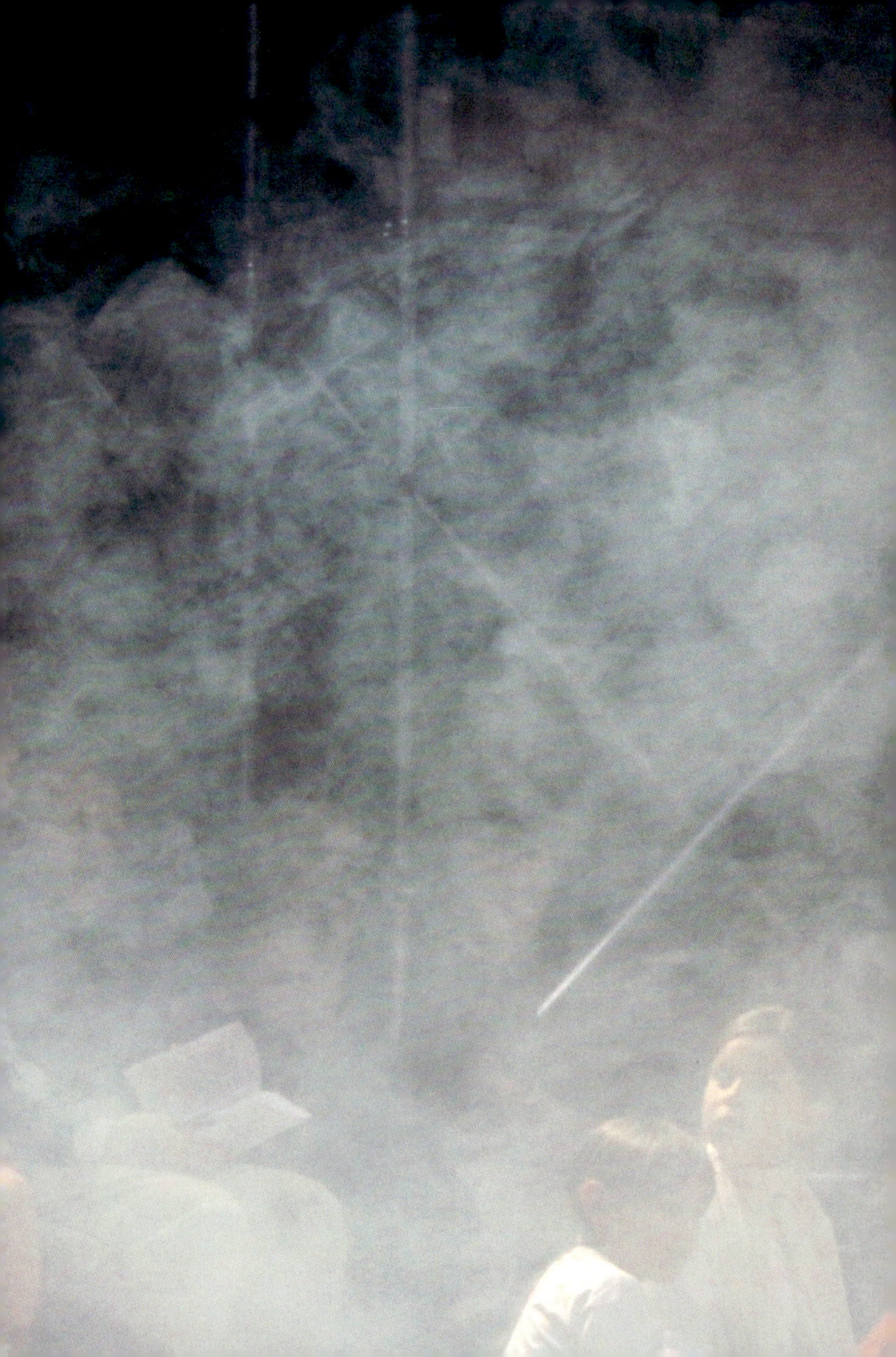

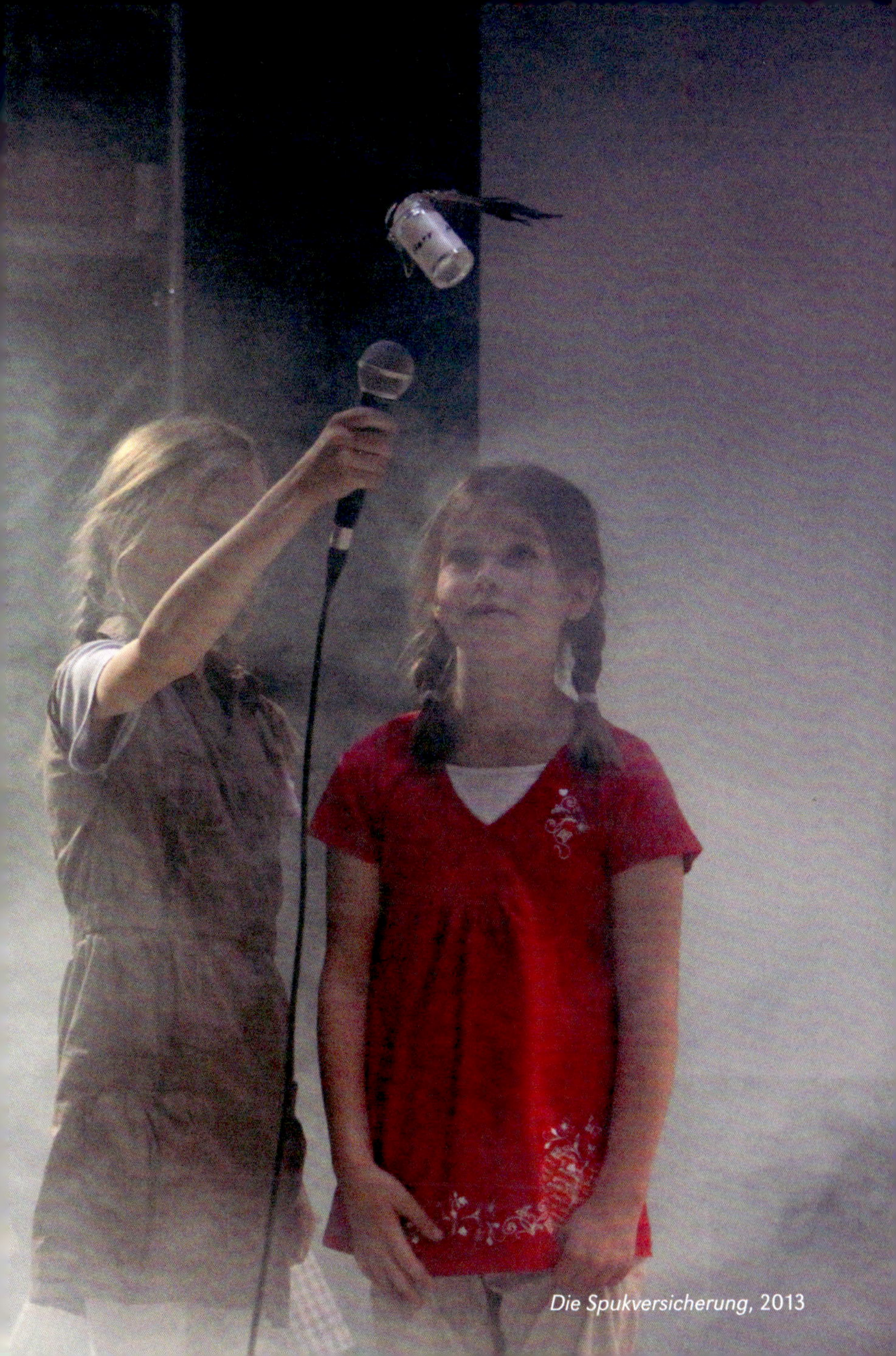

Die Spukversicherung, 2013

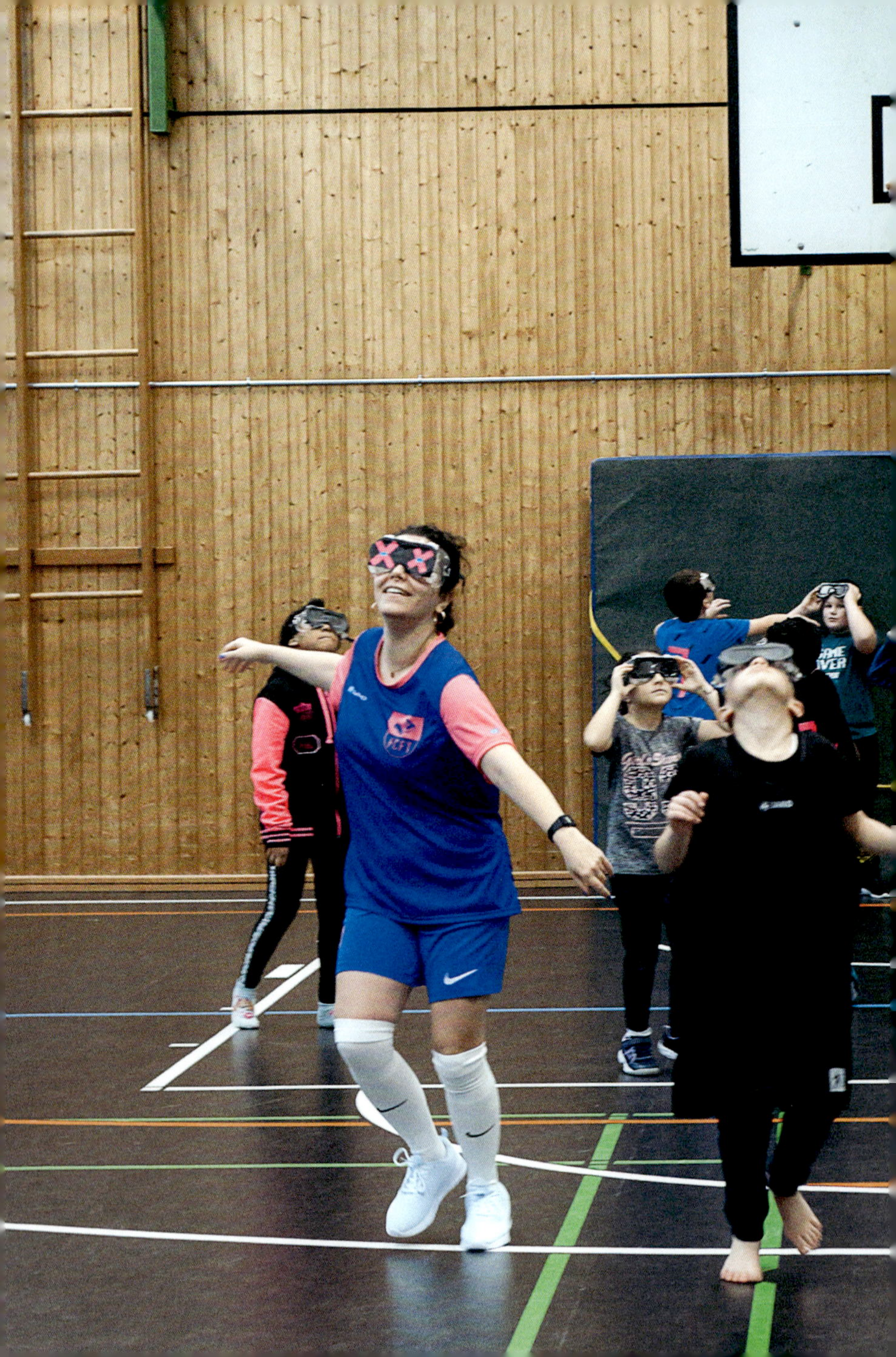

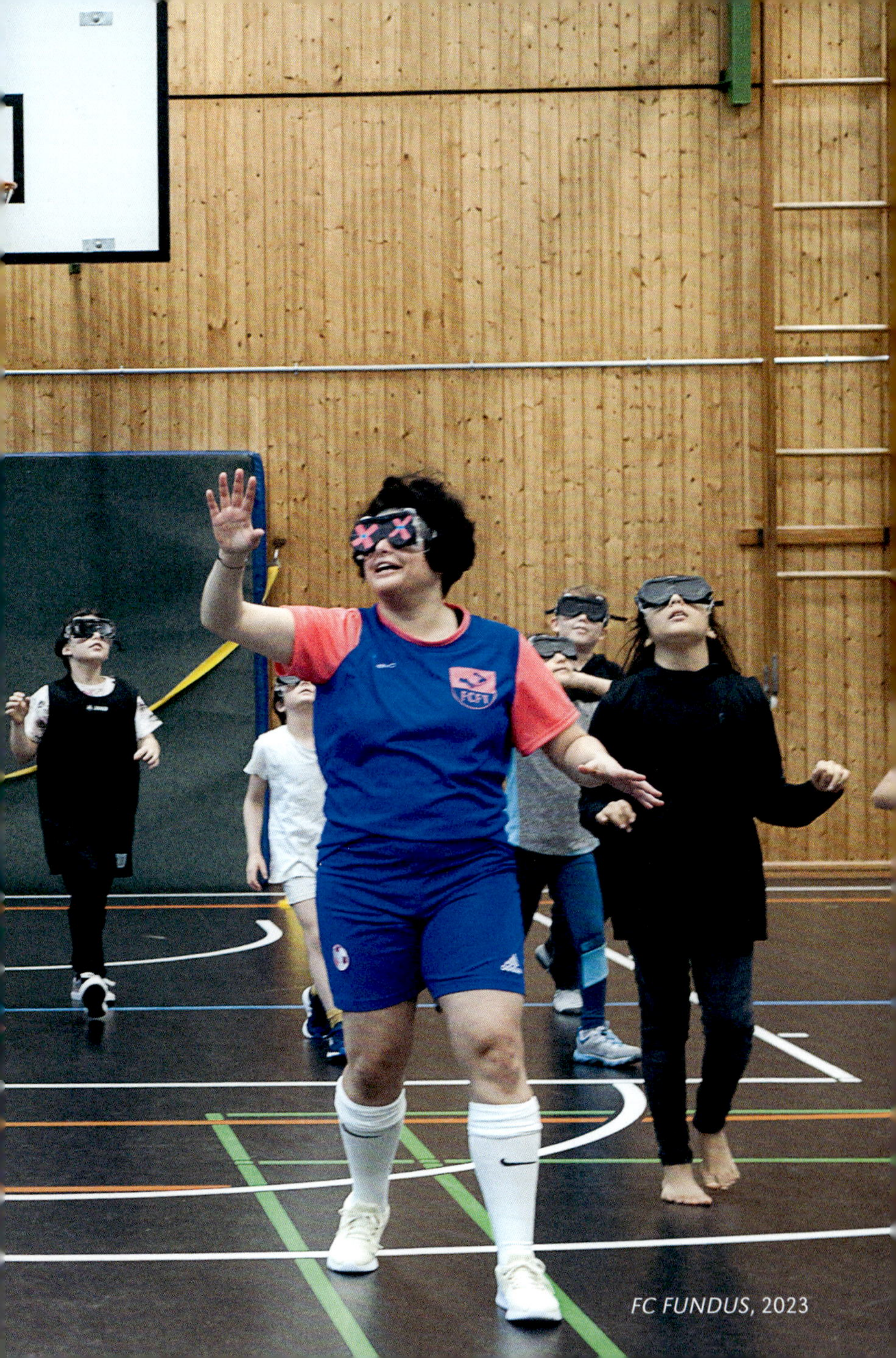

FC FUNDUS, 2023

Gehe ins Schwimmbad und sprich mit 5 Personen über den steigenden Meeresspiegel.

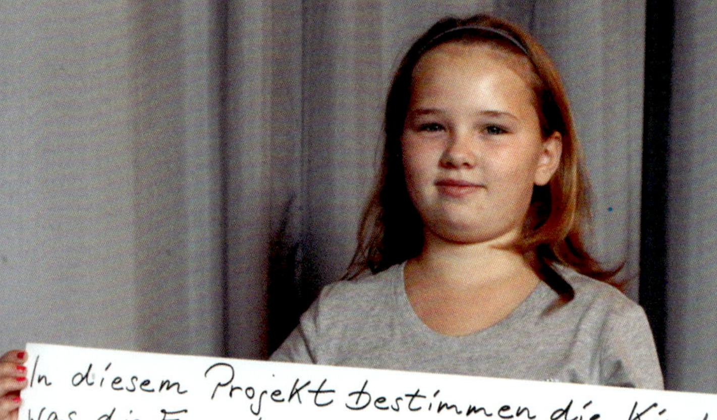

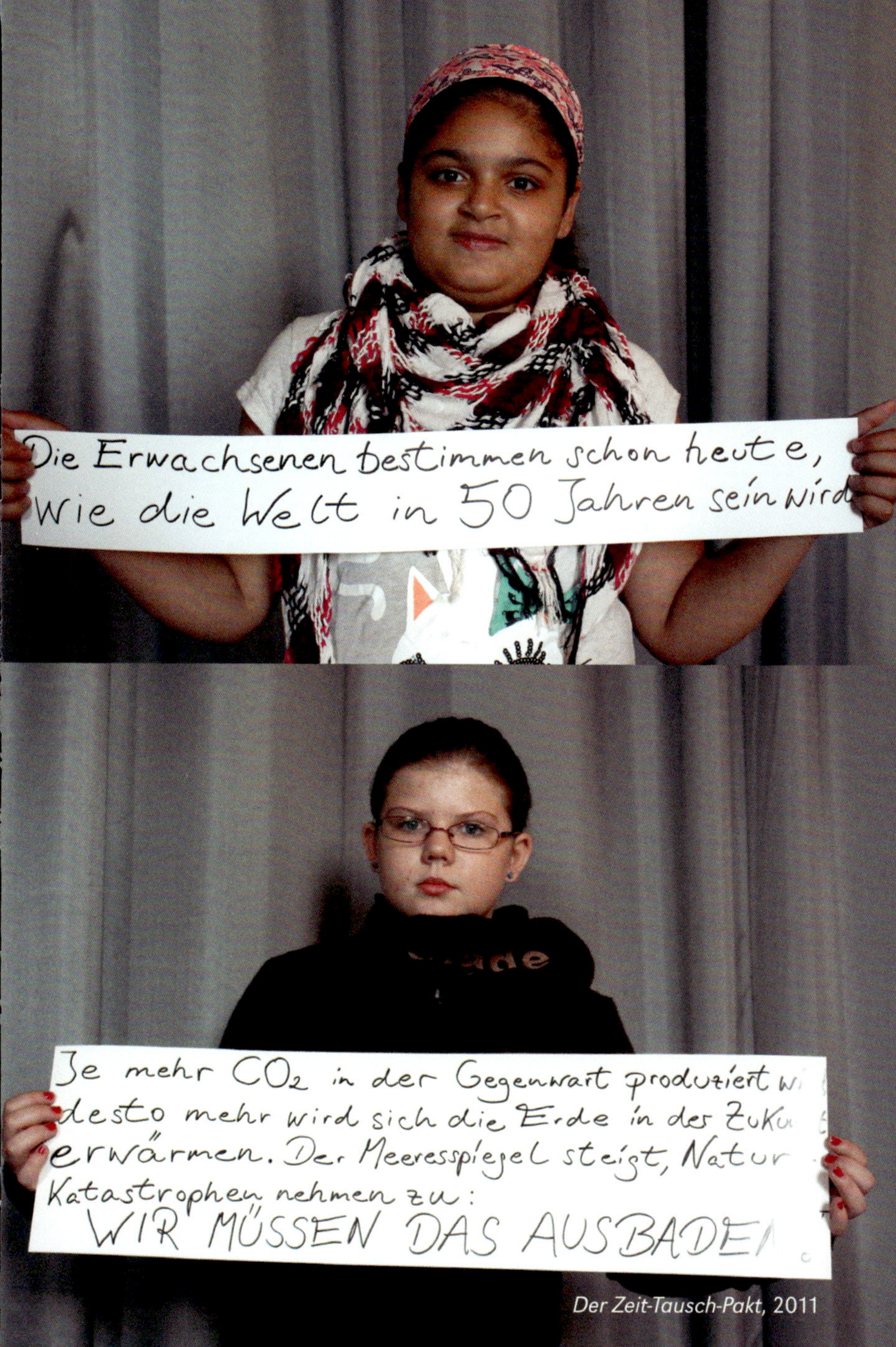

Der Zeit-Tausch-Pakt, 2011

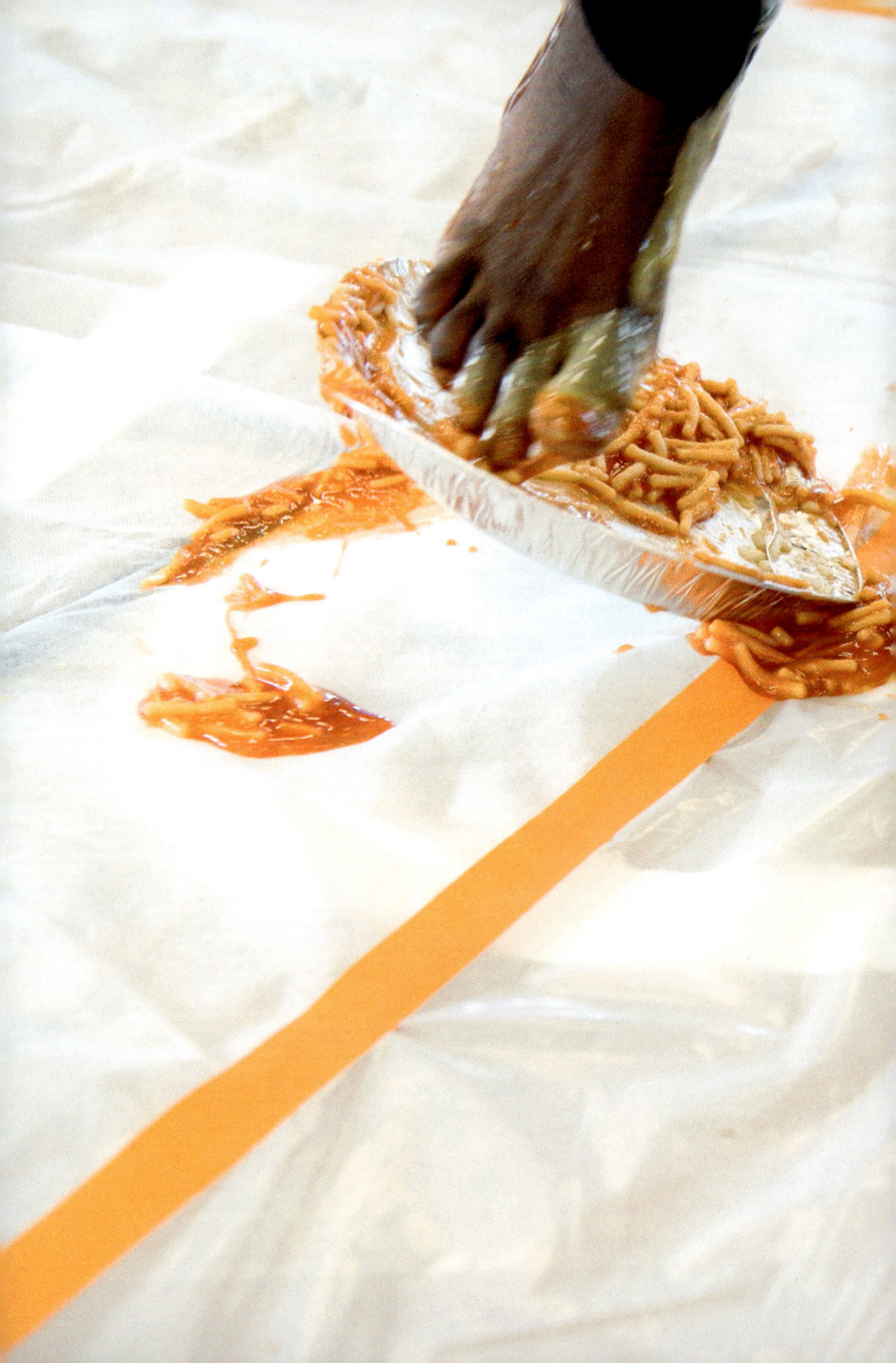

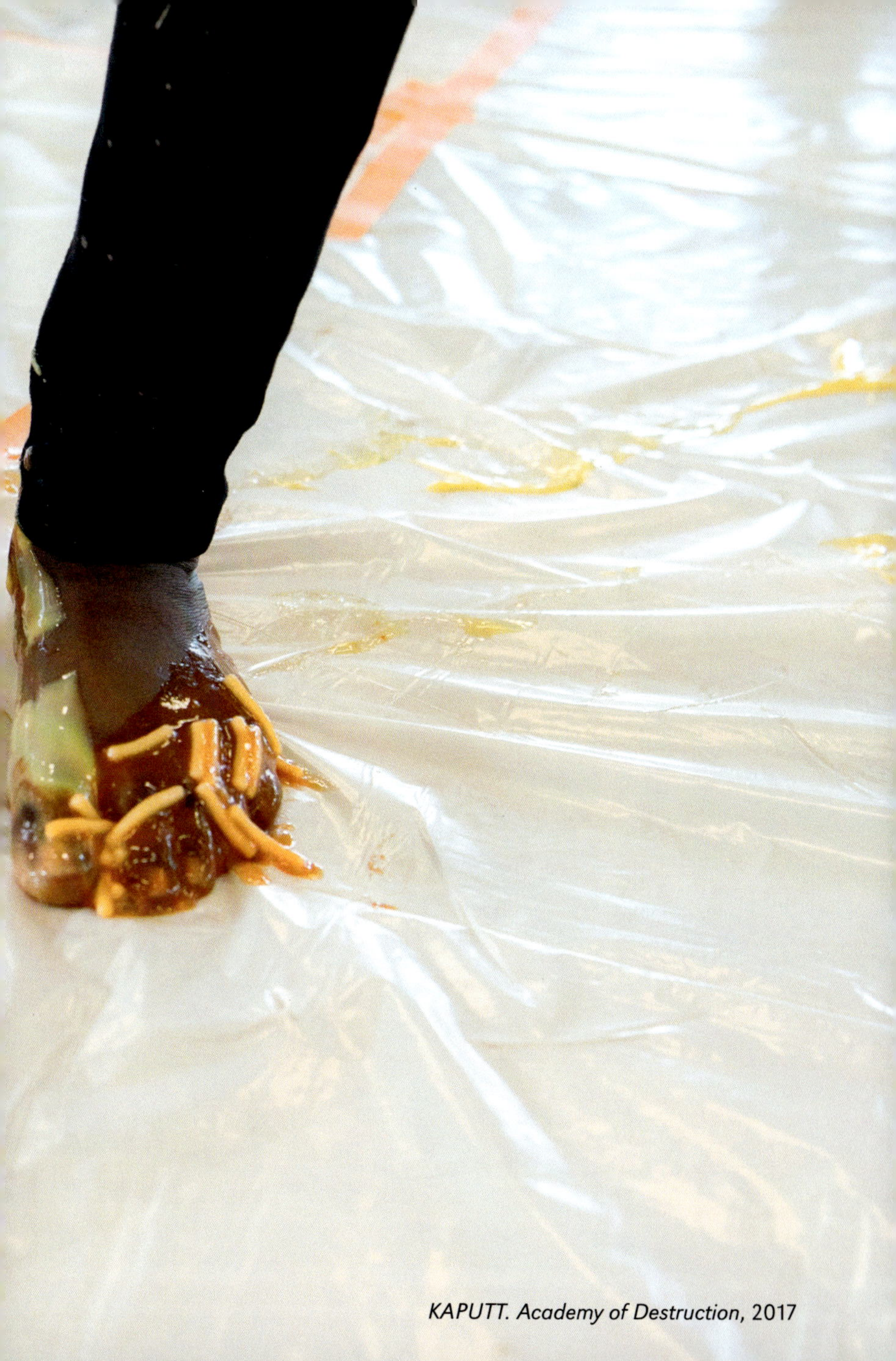

KAPUTT. Academy of Destruction, 2017

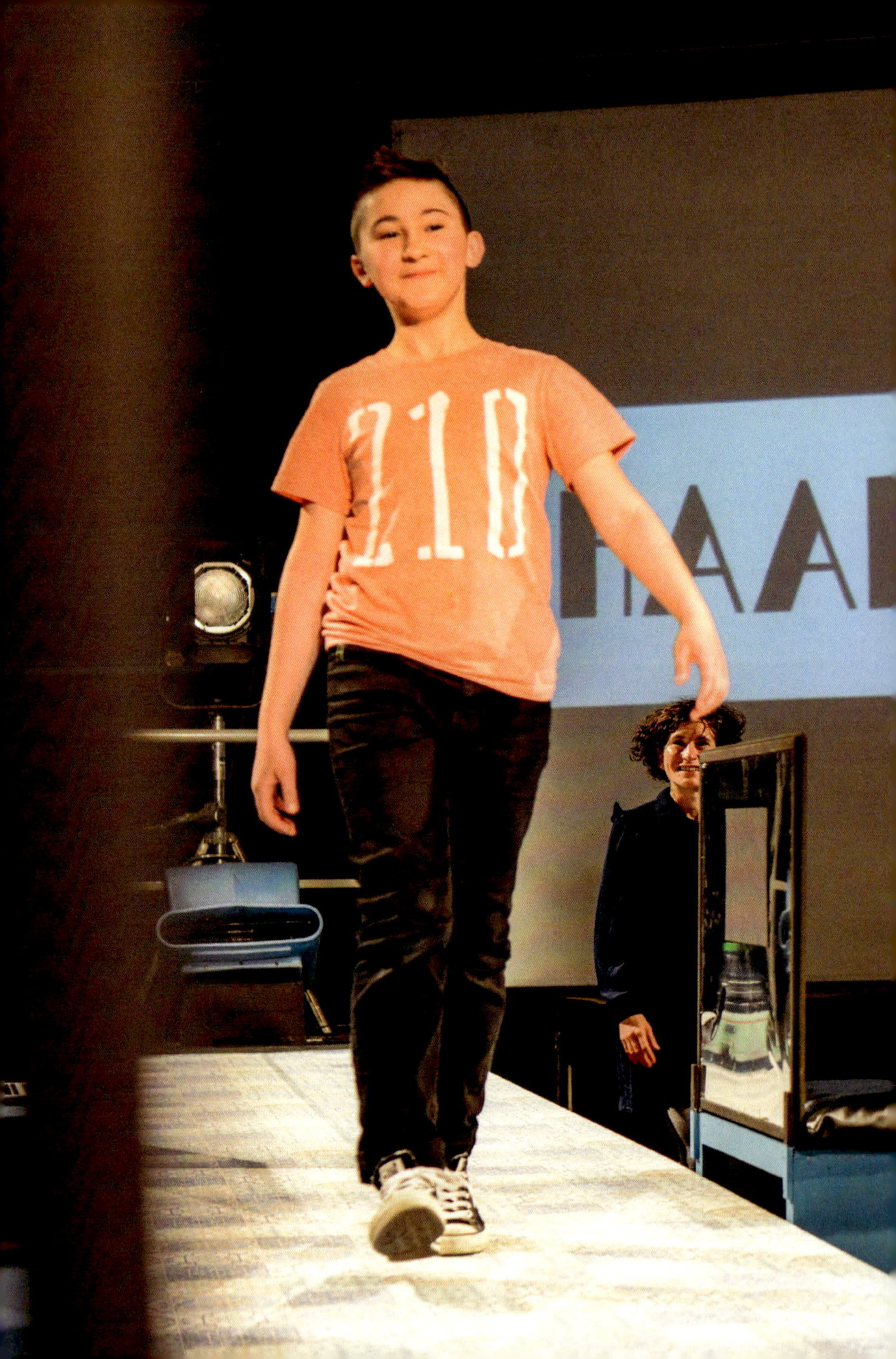

Ein HAARSALON. Zur Bedeutung der Haare, 2015

Postdramatisches Theater in Portraits

Herausgegeben von Florian Malzacher, Aenne Quiñones und Kathrin Tiedemann

Eine Reihe der Kunststiftung NRW

Maike Gunsilius,
Heike Roms (Hg.)

Forschungs-theater

Experimente für ALLE

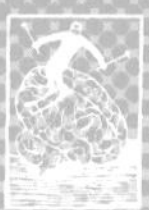

Alexander Verlag Berlin

Das **FUNDUS THEATER | Forschungstheater** in Hamburg lädt seit über zwanzig Jahren Kinder und Erwachsene ein, im Theater die Welt gemeinsam forschend zu verändern. 2003 ist das Forschungstheater (FT) zunächst als Programmschiene des FUNDUS THEATERs entstanden. Eigenes Geld drucken, Geister in Schulen suchen, Schönheit anders performen – »mit Kindern zu forschen, heißt täglich zu fragen, wie wir uns die Welt eigentlich wünschen, und das Größte stets mit dem Kleinsten in Verbindung zu bringen« (FT). Verfahren der Performancekunst ermöglichen den Beteiligten ihren jeweils eigenen Zugang und machen das Theater zu einem Forum für »das Forschen aller«: Vom Kindergarten bis zur Universität werden Fragen des Zusammenlebens untersucht und Grenzen zwischen Generationen und Disziplinen überschritten. »Institutionen auf Probe«, »unwahrscheinliche Versammlungen« und »heterotopische Zonen« erlauben es Kindern und Erwachsenen, einander neu zu begegnen. Inszenierungen und Projekte des Forschungstheaters waren u. a. bei den Wiener Festwochen, beim Impulse Theater Festival sowie beim Manchester International Festival zu sehen und werden europaweit übersetzt und nachgespielt. 2023 wurde das FT mit dem Deutschen Theaterpreis DER FAUST (Perspektivpreis der Länder) ausgezeichnet.

Maike Gunsilius ist Professorin für die Ästhetik des Kinder- und Jugendtheaters an der Universität Hildesheim. Ihre Forschungsschwerpunkte sind relationale Dramaturgien sowie partizipative und experimentelle Praxis des zeitgenössischen Kinder- und Jugendtheaters.

Heike Roms ist Professorin für Theater und Performance an der Universität von Exeter (Großbritannien). In ihrer Forschung beschäftigt sie sich mit der Geschichte der Performance – von den Anfängen der Performance Art in Wales bis zur Beteiligung von Kindern in den Performances von Kunst und Aktivismus der 1960er Jahre.

Inhalt

Maike Gunsilius und Heike Roms

Forschungstheater: Szenisches Forschen mit Kindern und Erwachsenen

Kinder gründen eine Bank und drucken und verteilen ihr eigenes Geld, bilden sich zu Astronaut*innen für eine Weltraumfahrt zum Planeten Erde aus, suchen Wunder und Schulgeister, befragen echte Piraten zu ihrem Leben, tauschen ihren Schulalltag für einen Tag mit einer Klasse aus einem Stadtteil mit unterschiedlichem sozialen Umfeld, entscheiden als Programmdirektor*innen des Theaters den Spielplan, etablieren einen eigenen Fußballverein und entwerfen einen Schönfühlsalon, in dem Schönheitsideale kritisch überprüft werden. Sie erproben das Kinderwahlrecht, untersuchen die Zerstörung in Kunst und Gesellschaft, drehen die Verhältnisse um und unterziehen ihre Schule einem gründlichen Test, probieren ein gleichwertigeres Zusammenleben von menschlichen und nichtmenschlichen Tieren, erforschen die Eigenheiten von Licht und Sand und Flüssigkeiten und schließen einen Zeit-Tausch-Pakt mit Erwachsenen, um den Einfluss von deren Handlungen auf ihre Zukunft aufzudecken.

Seit über zwanzig Jahren arbeitet das FUNDUS THEATER | Forschungstheater mit Kindern und Erwachsenen gemeinsam an der Erforschung der Welt mithilfe des Theaters. Der senkrechte Strich im Titel des Theaters weist auf seine Geschichte hin: Das FUNDUS THEATER ist ein seit 1980 bestehendes Kindertheater in Hamburg, das von Sylvia Deinert und Tine Krieg zunächst als Tourneetheater gegründet wurde, bevor es Räume einer ehemaligen Tabakfabrik in einem Hinterhof im Stadtteil Eilbek bezog und dort einen experimentellen, transdisziplinären, postdramatischen und damit innovativen Ansatz der Theaterarbeit für Kinder verfolgte. Sibylle Peters wirkte hier bereits zur Zeit ihres Germanistik- und Philosophie-Studiums in Hamburg mit; 2003 entwickelte sie dann das Forschungstheater als eine eigene Programmsparte im FUNDUS THEATER. Diese bringt Kinder, Künstler*innen, Wissenschaftler*innen und Aktivist*innen für szenische Forschungsprojekte zusammen, indem sie sie als Forschende auf Augenhöhe anspricht. Mit Hanno Krieg, Hannah Kowalski, Gundula Hölty, Christopher Weymann und weiteren ist das Forschungstheater-Team seit den Anfängen stetig gewachsen und hat mittlerweile auch die Aufgaben der Geschäftsführung und der künstlerischen Leitung des FUNDUS THEATER | Forschungstheaters übernommen. 2022 hat das Theater seinen langjährigen Standort verlassen und seine neue, stärker zur Stadt hin geöffnete Spielstätte am Platz der Kinderrechte in Hamburg-Hamm bezogen. Es bleibt auch hier einer der wichtigsten Aufführungsorte für freie Kindertheatergruppen sowie Heimat des Hamburger Kindertheaterfestivals. Im Mittelpunkt aber stehen die eigenen Produktionen des Forschungstheaters, das durch sein innovatives, performatives Forschen »zwischen Kindheit, Kunst und Wissenschaft« (so seine Eigendarstellung) breite Beachtung im In- und Ausland gefunden hat. Es wurde mit zahlreichen Preisen ausgezeichnet, darunter der Bundespreis für kulturelle Bildung (2012 für *Die Kinderbank*), der Hamburger Stadtteilkulturpreis (2015 für *Der Klassentausch*), der Theaterpreis des Bundes (2015) sowie der Perspektivpreis der Länder beim Deutschen Theaterpreis DER FAUST (2023).

Worin besteht eigentlich der Wert des Geldes? Kann man die Zeit abstellen? Warum reisen wir ins Weltall, wenn wir doch bereits auf unserem Planeten ein Teil davon sind? Kann man Wunder aufbewahren? Wer entscheidet, ob Kaputtmachen Zerstörung oder Neugestaltung ist? Mit der Auswahl seiner Themen vermag es das Forschungstheater-Team immer wieder, die Anliegen und Wünsche von Kindern auf kluge Weise

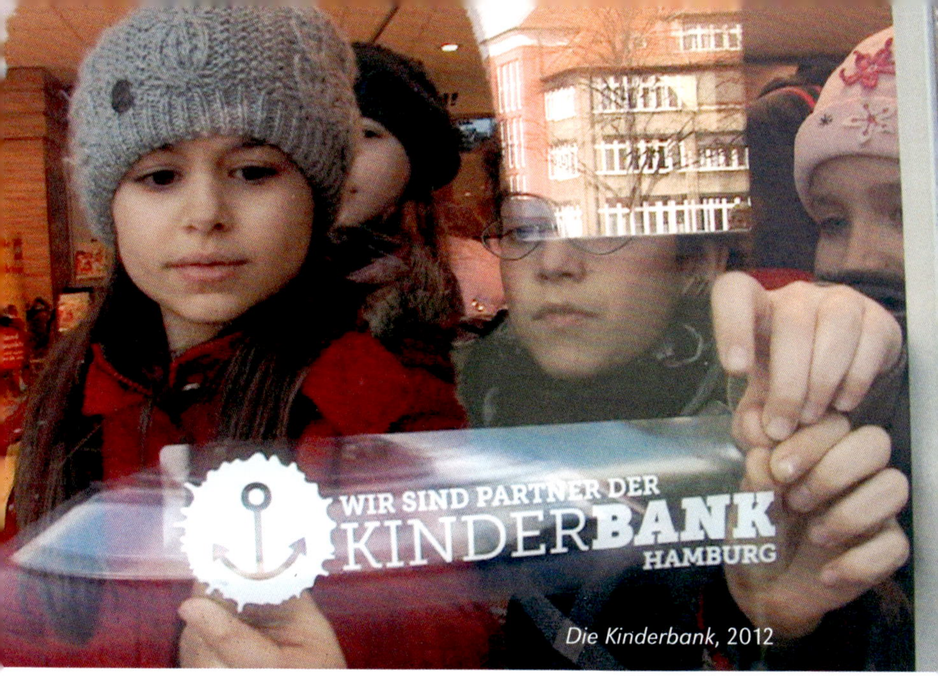

Die Kinderbank, 2012

mit dringlichen gesellschaftlichen Fragen (wobei die Anliegen der Kinder diese oft bereits reflektieren) und der Arbeitspraxis von Künstler*innen zusammenzubringen. *Die Kinderbank* (2012) erforschte den Wunsch nach Reichtum vor dem Hintergrund der Konsequenzen der Finanzkrise. *KAPUTT. Academy of Destruction* (2017) richtete sich an Kinder, denen das Kaputtmachen verboten wird, während sie zusehen müssen, wie Erwachsene im großen Stil die Welt zerstören. Inspiriert von der Autodestruktiven Kunst der 1960er und 1970er Jahre probierte das Projekt einen kreativen Umgang mit Zerstörung. Und *1400 Tonnen Sand (oder warum dem Sandmann die Träume ausgehen)* (2024) machte die immer dringender werdende Knappheit dieses Kindern so vertrauten Materials erfahrbar, indem das Projekt die vielfältigen Nutzungen von Sand in Alltag und Kunst demonstrierte.

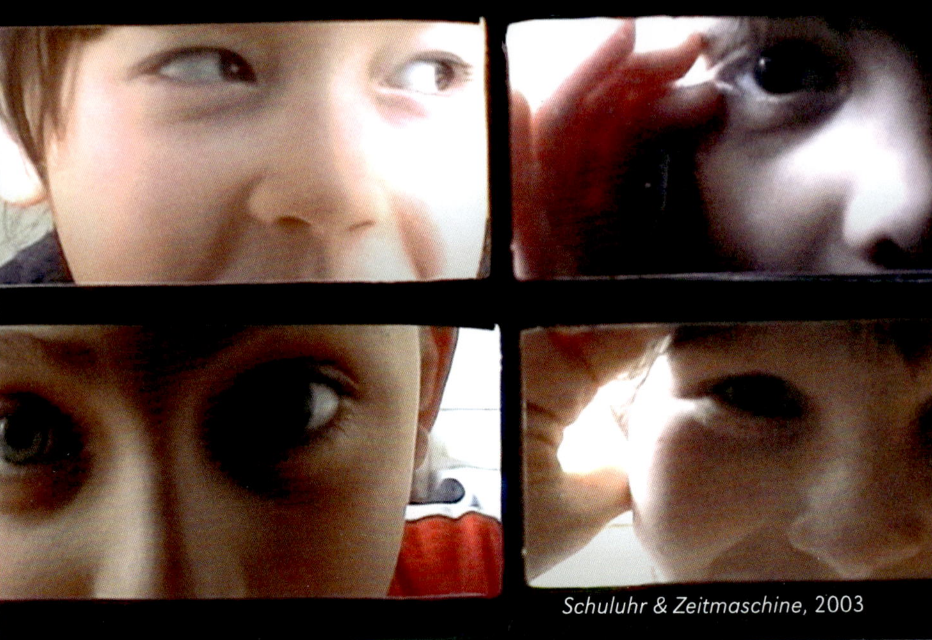

Schuluhr & Zeitmaschine, 2003

Diese Forschungsprozesse beginnen häufig zunächst außerhalb des Theaters, vor allem in Schulen. Doch Forschen wird eigentlich erst durch Präsentieren und Veröffentlichen zur Forschung – und so bringt auch das Forschungstheater immer wieder Kinder und Erwachsene auf die Bühne des Theaters, um die Ergebnisse ihrer vorangegangenen gemeinsamen Arbeit vorzustellen, erfahrbar zu machen und zu testen. Performative Prozesse und theatrale Präsentation bedingen einander: Es geht um Sagen und Zeigen, und dabei kommen auch Geschichtenerzählen und Rollenspiel zum Einsatz. Auf diese Weise nutzt das Forschungstheater das Theater als Raum und Methode für das Versammeln. In der Tat ist das Theater heute einer der wenigen Orte, an denen sich Kinder und Erwachsene außerhalb der Institutionen von Familie oder Schule gemeinsam versammeln dürfen. Sibylle Peters begreift ihre Arbeit daher als das

Kreieren »unwahrscheinlicher Versammlungen« (»improbable assemblies«): Das Forschungstheater vermag es, gerade weil es ein Theater ist, Menschen unterschiedlichen Alters zusammenzubringen, die sich sonst nicht begegnen würden, um mit ihnen gemeinsam neue Formen von Wissen und von Öffentlichkeit zu erproben. Allerdings sehen die Zusammenkünfte im Forschungstheater anderen Versammlungsformen oft ähnlicher als einer herkömmlichen Theateraufführung. In Versuchslaboren, Akademie-Sitzungen, Bankhauptversammlungen, Clubtreffen, Haar- und Schönfühlsalons und Gerichtsverhandlungen treffen sich selbstgestaltete »Institutionen auf Probe« (»try-out institutions«), die als Vehikel des intergenerationalen Forschens dienen: die Kinderbank, der Club der Autonomen Astronauten, die Gesellschaft zur Erfindung von Messverfahren, die Akademie der Zerstörung. Sie tun nicht nur so, »als ob« sie zum Beispiel Geld produzieren würden, sie tun es tatsächlich, und für den kurzen Moment ihrer Existenz ermöglichen sie es so, die Welt nicht nur zu reflektieren, sondern forschend in die Wirklichkeit einzugreifen und sie auf diese Weise vielleicht auch ein wenig zu verändern. Das Forschungstheater funktioniert dergestalt als »heterotopische Zone« (»heterotopian zone«): Heterotopien nannte der Philosoph Michel Foucault Orte wie das Theater, die ihre eigene alternative Realität hervorbringen und damit die Welt um sie herum infrage stellen.

Diese besondere Arbeitsweise des Forschungstheaters hat sich in den zwei Jahrzehnten seit seiner Entstehung stets weiterentwickelt und verfeinert, aber ihre Grundlagen waren bereits in seinem ersten Projekt angelegt. *Schuluhr & Zeitmaschine* (2003) entwickelte sich aus der Promotionsforschung von Sibylle Peters, in der sie sich unter anderem mit kulturwissenschaftlichen Fragen der gesellschaftlichen Konstruktion von Zeit auseinandersetzte. Frustriert von der Art und Weise, wie in den

Geisteswissenschaften die Hervorbringung von Wissen mit einsamer und abgeschiedener Schreibtischarbeit gleichgesetzt wird, machte sich Peters auf die Suche nach anderen Expert*innen zum Thema Zeit und fand diese in Grundschulkindern. Denn im Moment der Einschulung finden sich Kinder plötzlich mit festgelegten Zeiteinheiten konfrontiert, die von nun an ihren Alltag bestimmen. Mit *Schuluhr & Zeitmaschine* gelang es dem Forschungstheater nicht nur, ein kulturwissenschaftliches Forschen für unterschiedliche Gruppen demokratisch und kollaborativ zu öffnen. Es brachte zudem performative künstlerische und theaterpädagogische Arbeit auf besondere Weise mit dem Schulalltag von Kindern zusammen. Mit *Schuluhr & Zeitmaschine* fand das Forschungstheater die Prinzipien seiner Arbeit, die sein partizipatives, intergenerationales, szenisches Forschen noch heute auszeichnen.

WÜNSCH DIR WAS – DREIECK ALS METHODE

Das Forschen beginnt immer mit den Wünschen von Kindern. Damit aus einem Wunsch ein Forschungsprojekt werden kann, braucht es ein tragfähiges Forschungssetup. Für dessen Entwicklung hat das Forschungstheater eine Methode erarbeitet, die sich in einem Dreieck abbilden lässt: Wunsch, diskursive Frage und künstlerische Verfahren beziehungsweise Formate bilden seine drei Eckpunkte.

Der erste Eckpunkt ist der Wunsch: Regelmäßig macht das Forschungstheater sogenannte »Wunschrunden«, in denen Kinder und Erwachsene nach ihren Wünschen gefragt werden. Während Erwachsene häufig so nachvollziehbare wie abstrakte

Wünsche wie »Frieden« und »Gerechtigkeit« formulieren, scheinen die Wünsche von Kindern dem Team meist interessanter, weil konkreter und daher von großer »Wunschenergie« getragen: »Ich möchte ein Gespenst treffen«; »Ich will reich sein«; »Ich möchte einmal ein richtiges Wunder erleben« oder »Ich möchte mit Tieren sprechen können«.

Den zweiten Eckpunkt bilden Wissen und Wissenschaft: Es geht darum, eine Frage im (kulturwissenschaftlichen) Diskurs zu identifizieren, die sich mit dem Wunsch verknüpfen lässt, und um mögliche wissenschaftliche Expertise(n), die zur Untersuchung dieser Frage und zur Erfüllung des Wunsches hinzugezogen werden können. Die systematische Untersuchung dieser Frage, das Auswerten der Forschungsschritte und das Festhalten der Ergebnisse sind zentrale wissenschaftliche Prinzipien, die auch diesen künstlerisch gestalteten Prozessen zugrunde liegen.

Der dritte Eckpunkt ist die Kunst: Es geht um die Expertise von Theater- und Performancemacher*innen (und möglicherweise weiteren Künstler*innen), um den Wunsch mit den Mitteln, Verfahren und Formaten der performativen Künste so weitgehend wie möglich zu verwirklichen. Darüber hinaus geht es auch um institutionelle und infrastrukturelle Ressourcen wie Räume, Technik und Material, mit denen der partizipative Forschungsprozess gestaltet wird.

»Damit aus einem Wunsch ein Forschungsprojekt werden kann, sollten idealerweise alle drei Punkte eines Wunschdreiecks gefüllt werden«, so Peters, denn wenn es gelingt, einen starken, dringlichen und geteilten Wunsch (Gesellschaft) mit einer diskursiven (kultur-)wissenschaftlichen Frage (Wissenschaft) und einem künstlerischen Verfahren oder Format (Kunst) zu verknüpfen, entfaltet sich ein sogenanntes »Unwahrscheinlichkeitsfeld«. Damit lässt sich das Forschungssetup bestenfalls als ein Vorhaben formulieren, das die intergenerationale

Forscher*innenkonstellation gemeinsam verfolgt, um einen Wunsch zu erfüllen *und* eine Forschungsfrage zu untersuchen. Nach Erfahrung des Forschungstheaterteams sollten partizipativ Forschende weder zu sehr auf die Neugierde der Beteiligten setzen noch sie in einen allzu offenen und längerfristigen Such- oder Probenprozess involvieren. Das auf dem Wunsch basierende Forschungssetup sollte einen klaren und für alle transparenten Rahmen für den intergenerationalen Forschungsprozess bieten. Die Expertise der erwachsenen Künstler*innen ist gefragt, um diesen Rahmen zu entwickeln: Es liegt in ihrer Verantwortung, Setup und Prozess so zu gestalten, dass die unterschiedlichen Beteiligten mit ihren verschiedenen Anliegen und Expertisen andocken und ihr gemeinsames Vorhaben verfolgen können. Ihre unterschiedlichen Rollen, Verantwortlichkeiten und Kapazitäten sollten transparent gemacht und berücksichtigt werden.

Bereits mit den ersten Projekten hat das Team des Forschungstheaters Prinzipien entwickelt, die die Projekte seitdem maßgeblich strukturieren und gestalten. Dazu zählen:

1. Vorbereitung: Recherche in kulturwissenschaftlicher Forschung und künstlerischen Devising-Verfahren, um angebunden an den Wunsch ein Forschungssetup zu bauen;
2. Feldforschung: interaktive Forschung von Kindern und weiteren Expert*innen durch Interventionen in den gesellschaftlichen Alltag;
3. Interaktive Präsentationen: Die Befunde der ersten beiden Schritte werden den übrigen Beteiligten präsentiert und Ergebnisse festgehalten;
4. Wiederholung von Feldforschung und Präsentations- und Testmomenten vor und mit Beteiligten und einer breiteren Öffentlichkeit;
5. Ergebnisse: Die Ergebnisse des intergenerationalen Forschungsprozesses werden durch Vorträge und Publikatio-

nen wiederum in den Kontext kulturwissenschaftlicher Forschung eingebracht.

Die einzelnen Schritte und unterschiedlichen Prozessphasen unternehmen zum Teil Erwachsene oder Kinder oder beide gemeinsam, um ihr geteiltes Vorhaben zu verfolgen. Diese Form des Forschens lässt sich als ein Handeln auf Probe beschreiben. Der Einstieg in dieses Probehandeln wird zum Beispiel über das »performative Rollenspiel« erleichtert. Hier werden allerdings keine Rollen in einem repräsentativen Theaterstück dargestellt, das eine Geschichte erzählt, sondern innerhalb des gemeinsamen Vorhabens unterschiedliche Rollen handelnd eingenommen: Im Rahmen einer temporär gegründeten Institution werden Kinder und Erwachsene beispielsweise mithilfe von Kostümen, Objekten, Logos und Interventionen zu Wundersucher*innen, Crashtester*innen, Spukversicherer*innen, Bank- oder Programmdirektor*innen. Als solche handeln sie im geschützten Rahmen der Kunst und intervenieren zugleich in die gesellschaftliche Gegenwart.

Ein zentrales Merkmal des Ansatzes ist das spezifische Verhältnis von Prozess und Präsentation. Die unterschiedlichen Schritte und Prozessphasen wie Recherche oder Feldforschung werden immer wieder in Form von kleineren oder größeren Präsentationen ausgewertet: Um Befunde festzuhalten und weiter befragen zu können, präsentieren die Co-Forschenden bereits innerhalb des Prozesses regelmäßig und häufig mithilfe des Prinzips »Show and Tell«, indem sie »Sagen und Zeigen«. Erkenntnisse sollen hervorgebracht und Ergebnisse festgehalten werden. Allerdings geht es dabei nicht allein um ein abgesichertes, begriffliches und daher vollständig verbalisierbares Wissen, sondern gerade auch um stilles, ungesichertes, verkörpertes Erfahrungs- und damit um implizites Wissen. Diese Wissensformen verschließen sich oftmals dem Expliziten, dem

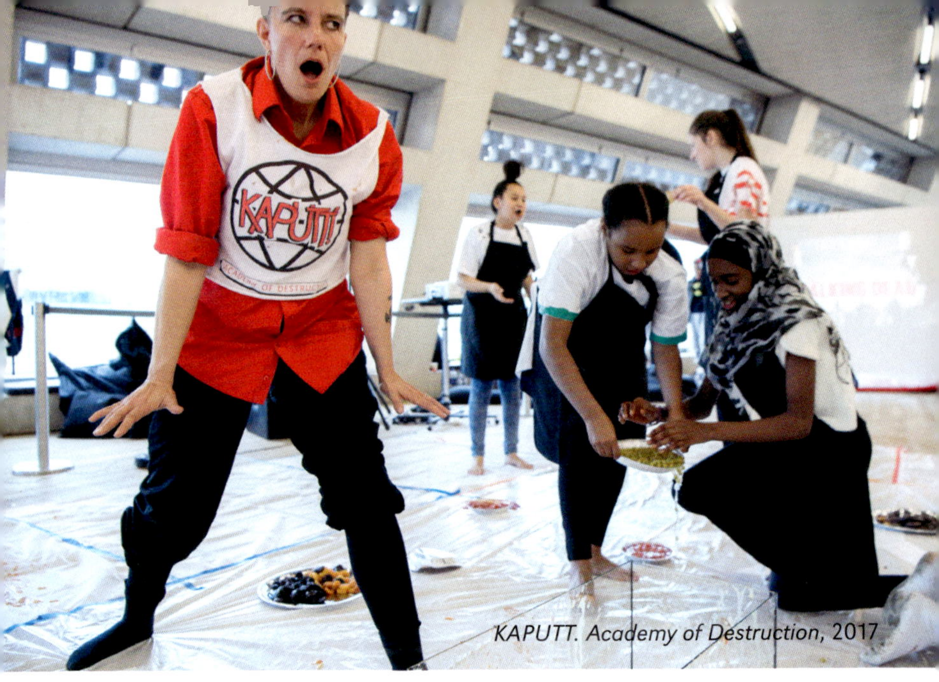

KAPUTT. Academy of Destruction, 2017

»Sagen«; durch szenische und performative Strategien, mithilfe von Objekten, Sound und (bewegten) Bildern lassen sie sich jedoch oftmals »zeigen«.

Ein Forschungsprozess ist eigentlich niemals abgeschlossen, dennoch kommt ein partizipativer Forschungsprozess zu einem (vorläufigen) Ende, an dem in der Regel ebenfalls eine Präsentation steht. An diesem Punkt können forschende Prozesse allzu leicht in die Präsentationslogik künstlerischer Projekte kippen. Dieser Herausforderung begegnet das Forschungstheater, indem es die Präsentation als zentrales Moment im Forschungsprozess denkt: Hier werden keine abgeschlossenen Ergebnisse vorgestellt, sondern die Präsentation als ein spezifischer Moment der Versammlung unterschiedlicher Expert*innen und einer Öffentlichkeit begriffen, in dem Forschungs(zwischen)ergebnisse geteilt, gezeigt, überprüft, getestet und möglicherweise erweitert werden. So ist beispielsweise die Präsentation von *KAPUTT. Academy of Destruction* letztlich ein experimentelles Labor, in dem über Wochen am Forschungsprozess beteiligte Kinder und Erwachsene gemeinsam mit einmaligen Besucher*innen Tintenpatronen platzen lassen, Leinwände zerschneiden, Bücher durchbohren, bemalen und ausstellen, ein aus Pappe akribisch nachgebautes Traumauto, Gitarren und eine Playstation zerschlagen, Obst sezieren, ein Handy in einen Mixer stecken (und Wetten auf die Dauer seiner Zerstörung abschließen) und mit Pompons aus geschredderten Mathebüchern tanzen.

Wenn Kinder und Erwachsene zusammen Dinge kaputt machen, um Zerstörung in Kunst und in Gesellschaft zu untersuchen, eine Bank gründen, Geld drucken und in ihrem Stadtteil in Umlauf bringen, um alternative Währungen zu untersuchen, echte Piraten treffen, um den Unterschied zwischen nostalgisch verklärender Helden-Narration und globalisierter Gegenwart zu untersuchen, dann produzieren sie gemeinsam Wissen, indem sie eine alternative Wirklichkeit entwerfen und durchspielen.

INTERGENERATIONAL FORSCHEN – BEYOND BINARIES

Die intergenerationale Forscher*innenkonstellation von Kindern und Erwachsenen ist dabei immer zentraler Teil dieser alternativen Realität, denn neben der an den jeweiligen Wunsch angebundenen inhaltlichen Forschungsfrage wird mit jedem Projekt immer auch ein alternatives intergenerationales Verhältnis jenseits etablierter Protokolle und »beyond binaries«, jenseits der strukturellen Differenz von Kindern und Erwachsenen, untersucht. Während Kinder und Erwachsene in gesellschaftlichen Institutionen oder Prozessen wie in der Schule oder der Familie immer in hierarchisch geprägten oder pädagogischen Verhältnissen aufeinandertreffen, können sie sich im Theater in anderen Verhältnissen begegnen und diese erproben: *Kinder* bestimmen als Programmdirektor*innen, was im Theater (für sie) zu sehen sein soll, und erwachsene Künstler*innen nehmen dabei die Rolle ihrer Assistent*innen ein; *Kinder* werden als Spukversicherer*innen vom Team des Hamburger Museums für Kunst und Gewerbe konsultiert; *sie* benoten als Theaterberater*innen die Arbeit des Forschungstheaters und beraten sein Team darin, das Programm diversitätsgerechter zu gestalten; *sie* entwickeln ein Manifest für das neue Rahmenkonzept Kinder- und Jugendkultur der Behörde für Kultur und Medien der Stadt Hamburg et cetera. Gesellschaftlich verankerte Machtverhältnisse zwischen den Generationen werden so umgedreht. Um gemeinsam echte Piraten zu befragen oder als Expert*innen gemeinsam Zerstörung in Kunst und Gesellschaft zu erforschen, arbeiten Kinder und Erwachsene kollaborativ und co-kreativ zusammen. Damit irritieren die inter- und transgenerationalen Prozesse des Forschungstheaters auch ein binär konstruiertes Generationenverhältnis von Kindern einerseits und Erwachsenen andererseits. Mit seinem Ansatz will das Forschungstheater Kindheit als Schutzraum nicht infrage stellen, sondern demokratisieren. Mit Blick auf die *UN-Konvention über die Rechte des Kindes* von 1989 und hier insbesondere auf die Artikel 12 (Berücksichtigung des Kindeswillens), 13 (Meinungs- und Informationsfreiheit) und 31 (Beteiligung an Freizeit, kulturellem und künstlerischem Leben, staatliche Förderung) versucht das Forschungstheater, künstlerische Angebote zu entwickeln, an denen Kinder und Jugendliche nicht nur als Zuschauende teilhaben können, sondern an denen sie als Expert*innen ihrer Lebenswelt aktiv beteiligt sind und mit denen sie sich in gesellschaftliche Fragen einschalten können. Denn Kinder und Jugendliche garantieren nicht nur die Zukunft von Gesellschaft, sondern sind zentraler Bestandteil ihrer Gegenwart und sollten als junge Bürger*innen auch fundamental an der Untersuchung gesellschaftlicher Fragen und an der Gestaltung gesellschaftlichen Lebens beteiligt sein. Das Team des Forschungstheaters sieht Kinder deshalb nicht zuallererst als Zielgruppe von Angeboten kultureller Bildung, die sie in ihrer Entwicklung als mündige Bürger*innen stärken sollen. Stattdessen nutzt es die performativen Künste als Möglichkeit, Kinder und Erwachsene in alternativen Ordnungen zu versammeln und mit ihnen gemeinsam gesellschaftliche Fragen handelnd zu untersuchen, sodass Beteiligte aller Generationen gleichermaßen davon profitieren.

KOOPERATION MIT SCHULEN

Dafür arbeitet das Forschungstheater eng mit Hamburger Schüler*innen und Lehrer*innen von Grund- und Stadtteilschulen sowie Gymnasien aus ganz unterschiedlichen Hamburger Stadtteilen zusammen, regelmäßig in längerfristigen, über zwei Jahre angelegten TUSCH (Theater und Schule)-Partnerschaften sowie darüber hinaus. Schulen als gesellschaftliche Körperschaften der Bürger*innenbildung werden dabei auch als Öffentlichkeiten von Kindern und Jugendlichen gesehen, die eine heterogene und diverse junge Bürger*innenschaft versammeln, was keine andere gesellschaftliche Institution vermag – kein Erwachsenentheater erreicht ein Publikum, das eine solch breite gesellschaftliche Öffentlichkeit repräsentiert wie das Kinder- und Jugendtheater durch Schulkooperationen. Neben seinem Familienprogramm setzt das Forschungstheater daher für seine länger angelegten Forschungsprozesse vor allem auf eine enge Zusammenarbeit mit Schulen, die dabei nicht nur ein Ort sind, um Kinder zu erreichen, sondern immer wieder selbst Forschungsfeld. Insbesondere in den frühen Forschungsprojekten wie *Schuluhr & Zeitmaschine* oder *Kinder testen Schule* (2008) haben Kinder und Erwachsene die Strukturen, Regeln und Ordnungen von Schule untersucht, getestet und dabei strapaziert. In *Die Spukversicherung* (2013) haben sie die unheimlichen Orte und Geister in Schulen identifiziert und erforscht. Nicht zuletzt hat das Forschungstheater mit *KAPUTT* Kinder gefunden, die sich mit den Strukturen des Systems Schule schwertaten und sich hier zu ausgewiesenen Expert*innen für Zerstörung entwickelt hatten.

Schule ist die zentrale Bildungseinrichtung, in der Kinder und Jugendliche meist weniger forschen als vielmehr abprüfbares Wissen erlernen sollen. Natürlich begreifen auch Schulen heute Bildung darüber hinaus als Selbstbildung und transformatorischen Prozess eines sich stetig verändernden Selbst- und Weltverhältnisses, mit dem demokratische Bildung in einer heterogenen Gesellschaft fokussiert wird. Für das Team des Forschungstheaters sind Forschung und Bildung daher keine Gegensätze, sondern die lebenslange Möglichkeit, Welt zu begreifen, zu untersuchen und zu gestalten. Die Prozesse des Forschungstheaters finden daher nicht nur in der Schule selbst, sondern auch im Theater, einige auch in anderen (öffentlichen) Räumen statt. Die zeitlichen Routinen des Schulablaufs werden herausgefordert und das hier vorherrschende Zahlenverhältnis zwischen einer*m Erwachsenen und zwanzig bis dreißig Kindern aufgebrochen. In diesem Sinne zählen Schulen zu den wichtigsten Partner*innen des Forschungstheaters, deren hie-

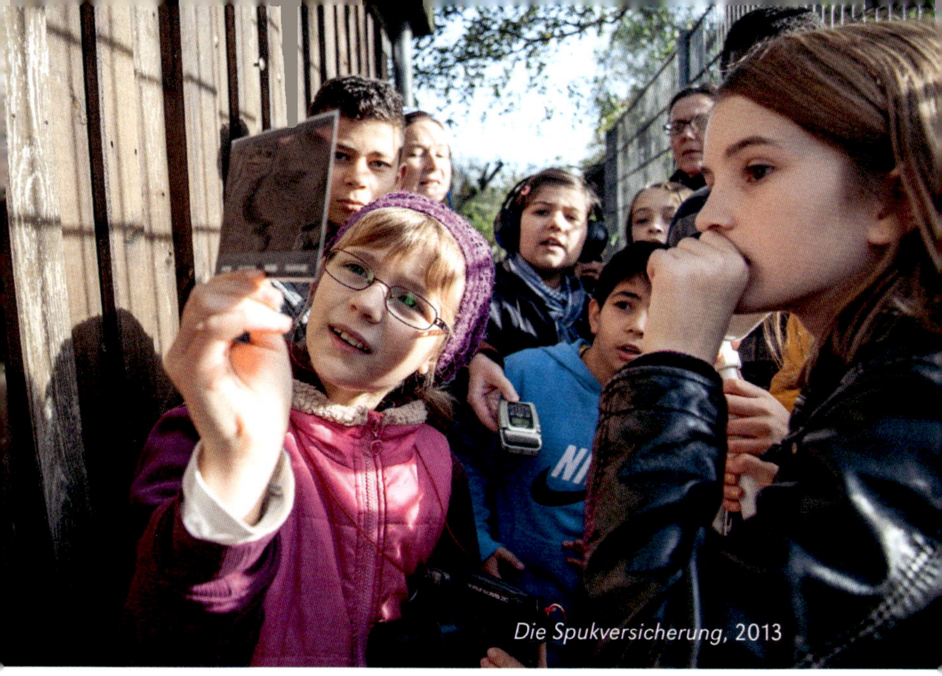

Die Spukversicherung, 2013

rarchische Ordnungen jedoch immer auch ein Stück weit aufgebrochen werden müssen, damit in der Verbindung mit dem Theater ein einzigartiger Raum für das gemeinsame Forschen von Kindern und Erwachsenen entstehen kann.

LIVE ART ALS METHODE

Die besondere Methodik des Forschungstheaters ist in Form eines »Toolkit« in englischer Sprache kostenlos im Internet erhältlich. Dieser Toolkit, der von Sibylle Peters 2017 in Zusammenarbeit mit der Live Art Development Agency (LADA) in London publiziert und vom Creative-Europe-Programm der

EU finanziert wurde, trägt den Titel *Performing Research: How to conduct research projects with kids and adults using Live Art strategies* – auf Deutsch etwa »Forschung performen: Wie man mit den Strategien der Live Art Forschungsprojekte mit Kindern und Erwachsenen durchführt«. Was ist Live Art, und was sind ihre Strategien, die sich für das intergenerationale szenische Forschen so gut eignen?

Der Begriff »Live Art« (Live-Kunst) wurde in den 1980er Jahren in Großbritannien geprägt und beschreibt ein Feld performativer Praxis, zu dem auf der einen Seite die Performance Art gezählt wird, die sich in den 1960er Jahren vor allem aus der bildenden Kunst entwickelte, und zu dem auf der anderen Seite experimentelle Formen des Theaters gehören, die in den letzten zwei Jahrzehnten in der Regel als »postdramatisch« bezeichnet werden. Dass der Begriff Live Art in Großbritannien bevorzugt wird, hat mit seiner größeren Offenheit zu tun – er lässt sich weder auf die Geschichte der Performance Art reduzieren, noch ist er wie Hans-Thies Lehmanns *Postdramatisches Theater* theoretisch aufgeladen. Eigentlich handelt es sich bei der Live Art auch weniger um ein Performance-Genre oder eine Kunstform als vielmehr um eine Haltung zur Kunst. Live Art heißt, Kunst als »live« zu begreifen – als Prozess, Erfahrung, Begegnung, Erlebnis. Etwas als Live Art zu bezeichnen, heißt auch, strategisch einen Raum für experimentelle Prozesse und Praktiken zu öffnen.

Die Londoner Live Art Development Agency ist seit 1999 eine der Schlüsselorganisationen der britischen Live-Art-Szene, die dieser Ressourcen zur Verfügung stellt, sich um die Weiterbildung von Künstler*innen bemüht, Events und Festivals kuratiert, Publikationen herausgibt und sich als Fürsprecher*in der Szene kulturpolitisch einsetzt. Sibylle Peters wurde 2016 von der Kodirektorin von LADA, Lois Keidan, eingeladen, die Rolle von Kindern in der Live Art zu erkunden. Daraus entstanden neben dem erwähnten Toolkit eine ausführlich kommentierte Leseliste zum Thema (die ebenfalls auf der Webseite von LADA zur Verfügung steht) sowie das bisher wohl bekannteste Projekt des Forschungstheaters: *PLAYING UP. A Live Art Game for Kids & Adults* (2016). Angelehnt an den weitverbreiteten Einsatz von Instruktionen und Scores in der Geschichte der Performance, nimmt sich *PLAYING UP* Aktionen der Performance Art und verwandelt sie in Spielanleitungen, die als Kartenspiel erhältlich sind und von Kindern und Erwachsenen zusammen in unterschiedlichsten Kontexten gespielt werden können, ob in der Familie oder im Museum. *PLAYING UP* führt dabei in die Geschichte der Performancekunst ein und nutzt sie zugleich, um Verhältnisse von Kindern und Erwachsenen auf spielerische Art und Weise neu zu verhandeln. So wird zum Beispiel aus Valie Exports und Peter Weibels Performance *Aus der Mappe der Hundigkeit* (1968) die Aufforderung »Walk the adults of your team like dogs down the street« (»Führt die Erwachsenen eures Teams wie Hunde auf der Straße aus«). Live Art bietet so die Möglichkeit, die Regeln zu brechen, vielleicht etwas zu tun, was sonst verboten ist, und dabei Erwachsene einmal ganz anders zu erleben. Und es sind gerade die künstlerischen Aktionen, die in ihrer radikalen Extremität Kinder gänzlich auszuschließen scheinen – Vito Acconci, der in seinem *Following Piece* von 1969 fremden Menschen durch die Stadt folgte, oder Chris Burden, der sich 1974 für *Trans-Fixed* an einen VW-Käfer nageln ließ –, die ihnen aber in ihrer spielerischen Übersetzung die Möglichkeit bieten, sich auch mit extremeren Handlungsformen und Aktionen auseinanderzusetzen, die Kindern sonst nicht zugänglich sind. 2021 entwickelte das Forschungstheater eine Erweiterung des Spiels – *PLAYING UP Gender*, das dazu einlädt, herkömmliche Geschlechterrollen mit Mitteln der Live Art zu erforschen und zu verändern.

Mit Lois Keidan verbindet das Forschungstheater seit *PLAYING UP* eine enge Zusammenarbeit. Für *PLAYING UP* kam als weiterer Partner das »Early Years and Family«-Programm der Tate Gallery dazu, mit dem LADA und das Forschungstheater im Jahr darauf erneut für die Londoner Version von *KAPUTT. Academy of Destruction* kollaborierten. Zwei Jahre später arbeiteten das Forschungstheater und LADA für *Animals of Manchester (including HUMANZ)* (2019) wieder zusammen, indem sie für das Manchester International Festival eine alternative Stadt entwarfen, in der alle Tiere, inklusive Menschen, die gleichen Rechte hatten.

Die prozesshafte und partizipative Qualität der Live Art interessiert auch Ellen Friis und Henrik Vestergaard, die zusammen Live Art Denmark leiten. Durch gemeinsame Projekte und Festivals verbindet Live Art Denmark und das Forschungstheater eine langjährige Zusammenarbeit, in deren Rahmen viele Projekte des Forschungstheaters von Live Art Denmark übernommen und neu interpretiert im skandinavischen Raum durchgeführt und verbreitet wurden.

Sibylle Peters weist auf die Affinität der Erfahrungen, Haltungen und Aktionen von Kindern zur Live Art hin (hier in deutscher Übersetzung): »Kinder sind Entdecker*innen des Alltags. Für sie kann so etwas Einfaches wie das Anzünden eines Streichholzes etwas Außergewöhnliches sein, das Konzentration und Zeit erfordert und ein Erlebnis schafft. Das Gleiche gilt für alle, die Live Art praktizieren. Und Live Art kann Kindern möglicherweise etwas bieten, was für sie essenziell wichtig ist: die Anerkennung ihres Handelns und ihres Denkens, die Bestätigung, dass alles zählen und einen Unterschied bedeuten kann, der Rahmen von Schönheit und Reflexion und Erlebnis, den wir errichten können, wann und wo wir wollen. In vielerlei Hinsicht passen Live Art und Kinder perfekt zusammen, denn bei Live Art geht es um das Alltägliche und das Außergewöhnliche im Alltäglichen.« Die künstlerischen Strategien, die die Live Art dabei anwendet – die Rahmung des Alltäglichen als etwas Außergewöhnliches, der Einsatz von Anleitungen und Instruktionen, das Spiel mit der Trennung zwischen Akteur*in und Zuschauer*in, die Erkundung öffentlicher Räume –, finden sich in der performativen Forschung des Forschungstheaters als zentrale Methoden der Arbeit wieder.

IM NETZWERK FORSCHEN

Von Anfang an hat das Team des Forschungstheaters neben Kindern und Jugendlichen auch weitere erwachsene Expert*innen aus Wissenschaft, Kunst und Aktivismus zu Forschungsprozessen eingeladen. Seit seinen Anfängen arbeitet es außerdem immer wieder – auch über persönliche Überschneidungen hinaus – mit den Performancekollektiven geheimagentur und random people sowie mit Künstler*innen und Forscher*innen wie Armin Chodzinski, Mike Pearson und Heike Roms, Kai van Eikels, Eva Plischke, Ansuman Biswas, Hester Stefan Chillingworth und Martin O'Brien zusammen.

Sowohl Sibylle Peters als auch Hannah Kowalski publizieren im wissenschaftlichen Kontext. Mit ihrem Band *Das Forschen aller* (2013) hat Sibylle Peters den partizipativen Ansatz der »Wissensproduktion zwischen Kunst, Wissenschaft und Gesellschaft«, der im Forschungstheater in intergenerationalen Konstellationen praktiziert wird, im Diskurs um Künstlerische Forschung (Artistic Research) positioniert. In der Debatte, die in Deutschland insbesondere in den 2010er Jahren – auch

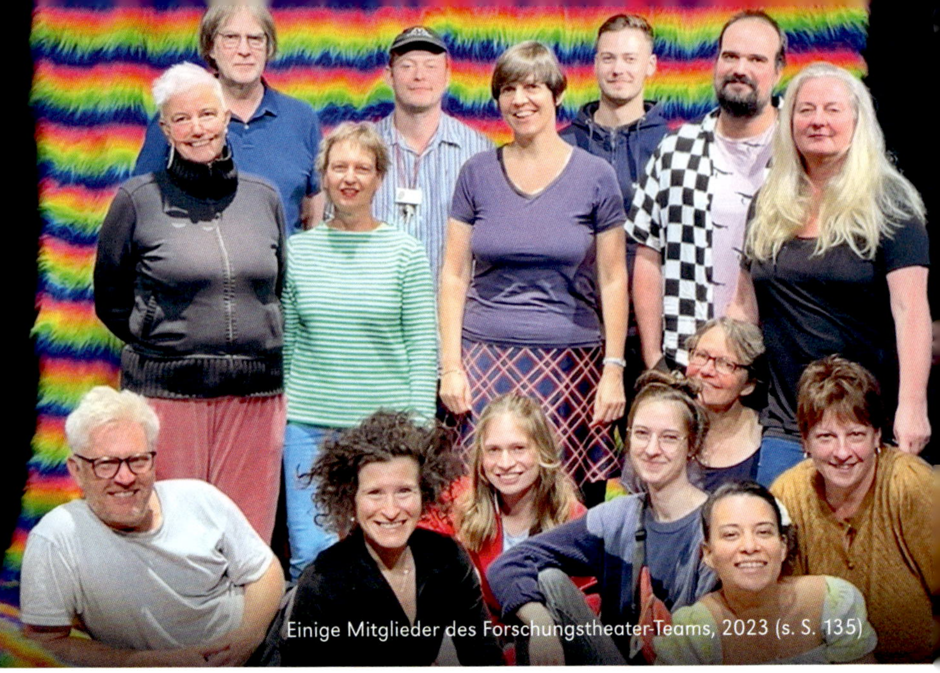
Einige Mitglieder des Forschungstheater-Teams, 2023 (s. S. 135)

im Zuge wissenschafts- und kulturpolitischer Verteilungskämpfe – hitzig geführt wurde, stellt dieses Buch einen zentralen kritischen Beitrag dar, mit dem Peters für die Demokratisierung sowohl von Wissenschaft als auch von Kunst plädiert. In zahlreichen weiteren Publikationen sind viele der Projekte des Forschungstheaters von Teammitgliedern selbst sowie von weiteren Wissenschaftler*innen im Kontext zeitgenössischer kulturwissenschaftlicher Diskurse reflektiert worden. In Theorie und Praxis forschender Ansätze im Kinder- und Jugendtheater, in Theaterpädagogik und kultureller Bildung gilt der Ansatz des Forschungstheaters als »Best-Practice-Modell Forschenden Theaters mit Grundschulkindern und ist bis heute der wichtigste künstlerisch-wissenschaftliche Bezugspunkt in der Debatte«, wie die Theaterwissenschaftlerin Melanie Hinz schreibt.

Die regelmäßige Zusammenarbeit mit Wissenschaftler*innen und Hochschulen fand ihren bisherigen Höhepunkt in der Entwicklung und Durchführung der beiden Graduiertenkollegs *Versammlung und Teilhabe* (2012–2014) und *Performing Citizenship* (2015–2017) sowie dem anschließenden Forschungsprojekt *Participatory Art Based Research and Knowledge Production* (2019–2021). Gemeinsam mit der Kulturwissenschaftlerin Gesa Ziemer und der Tanzwissenschaftlerin und -praktikerin Kerstin Evert initiierte Sibylle Peters durch die Kooperation zweier wissenschaftlicher Institutionen, der HafenCity Universität Hamburg und später der Hochschule für Angewandte Wissenschaften Hamburg, sowie zweier künstlerischer Institutionen, dem Forschungstheater und dem K3 – Zentrum für Choreographie | Tanzplan Hamburg, die deutschlandweit bislang einzige Möglichkeit der Promotion zum Dr. phil., in der sowohl theoretische als auch künstlerisch-praktische Forschungsteile anerkannt wurden. Im Kontext der beiden Graduiertenkollegs wurden zwanzig Promotionsforschungen und in diesem Rahmen mehr als fünfzig partizipative, darunter auch zahlreiche intergenerationale Forschungsprojekte durchgeführt. In diesen Projekten untersuchten Kinder und Erwachsene gemeinsam unter anderem Praktiken und Prozesse des Entscheidens (Hannah Kowalski), die Institution des Gerichts und die Praxis der Rechtsprechung (Elise von Bernstorff), Formen intergenerationaler Zukunftsforschung (Eva Plischke), eine künstlerische Form der Berufsorientierung (Constanze Schmidt) sowie die Performance von postmigrantischer Bürger*innenschaft von Mädchen und Frauen (Maike Gunsilius). Insbesondere in Forschungseinrichtungen und Ausbildungsgängen für Theater, Kunst und kulturelle Bildung wurden die Ergebnisse dieser Forschungsprozesse verstärkt wahrgenommen. Zahlreiche Absolvent*innen der Graduiertenkollegs sind seitdem in Hochschulen, in Thea-

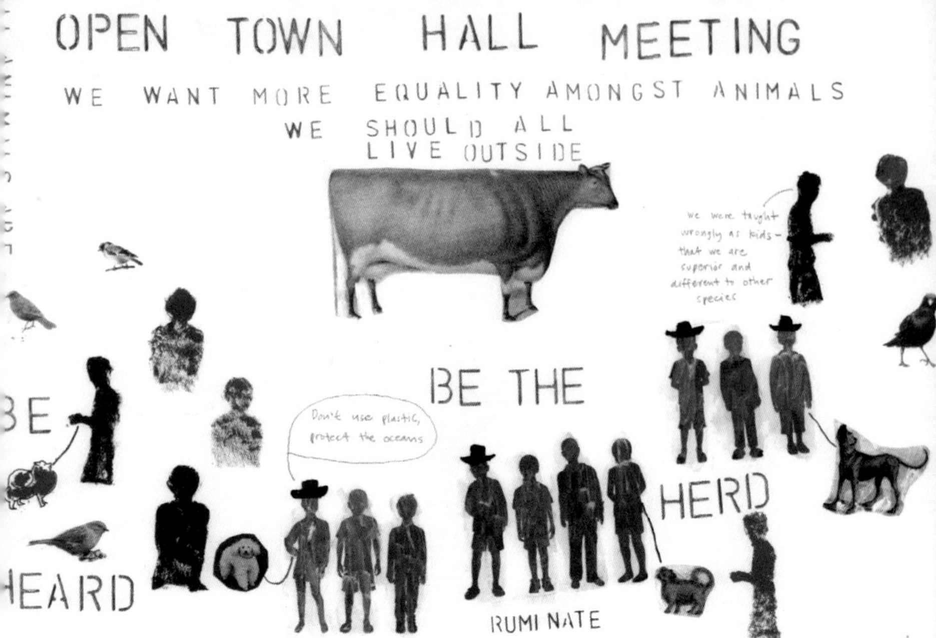

tern und in weiteren Kontexten auf der Schnittstelle zwischen Kunst und Wissenschaft tätig.

Im anschließenden Forschungsprojekt *Participatory Art Based Research and Knowledge Production* (PABR) an der HafenCity Universität wurde dieser Corpus aus über fünfzig Forschungsprojekten ausgewertet. Dabei wurde herausgearbeitet, dass die Methoden des transdisziplinären Forschens sich einer Standardisierung entziehen, jedoch mit unterschiedlichen wiederkehrenden künstlerisch eingerichteten Forschungsformaten arbeiten und diese zum Teil auch kombinieren. Neun dieser Formate, die das Forschungstheater seit seinen Anfängen ebenfalls regelmäßig einsetzt und entwickelt hat, wurden im Rahmen von PABR analysiert. Darunter ist das Format einer Institution auf Probe (»tryout institution«), das es Kindern und Jugendlichen ermöglicht, im Namen zum Beispiel der Spukversicherung, des jüngsten

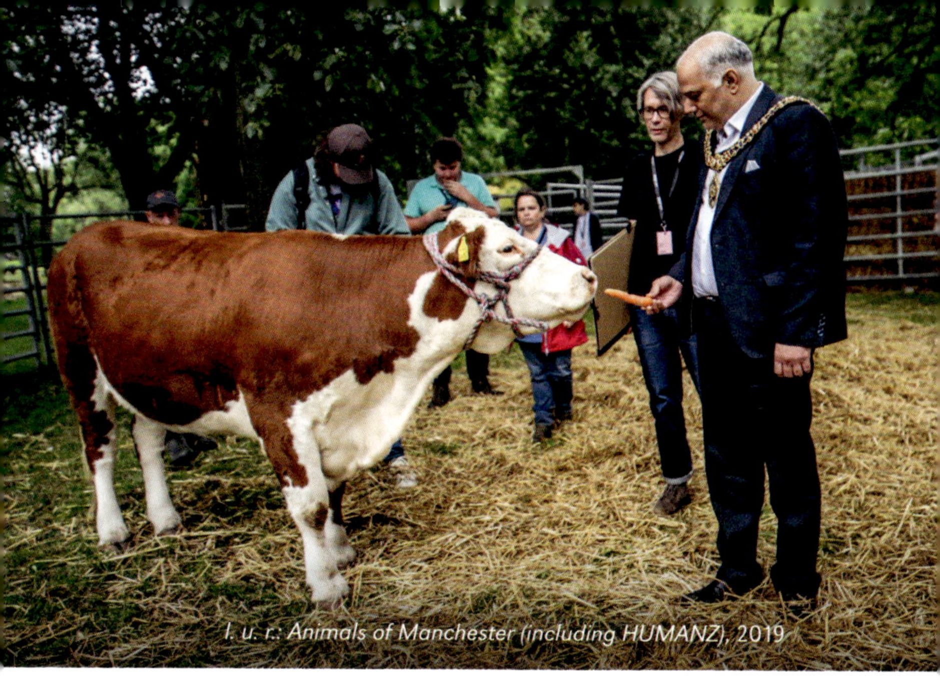
l. u. r.: Animals of Manchester (including HUMANZ), 2019

Gerichts, der Kinderbank et cetera und damit in einer (selbst-) autorisierten Position zu forschen. Zentral für die Arbeit des Forschungstheaters ist, wie bereits ausgeführt, das Format der »unwahrscheinlichen Versammlung« (»improbable assembly«), das so eingerichtet wird, dass es die unterschiedlichen Expertisen und gesellschaftlichen Positionen der Kinder und Erwachsenen im Theater versammelt, in den Blick nimmt, inszeniert und für die Forschung produktiv macht. Auch das Forschen in einer heterotopischen Zone (»heterotopian zone«), die Kinder, Erwachsene und nichtmenschliche Spezies betreten und verlassen können und in der andere Regeln und Normen gelten als außerhalb, wurde in groß angelegten Projekten, beispielsweise mit *Animals of Manchester (including HUMANZ)*, erprobt.

Die erfolgreiche Bilanz dieser für insgesamt acht Jahre institutionalisierten Forschung im Dreieck zwischen Gesellschaft,

Wissenschaft und Kunst schlägt sich bislang jedoch (noch) nicht in angepassten Finanzierungs- oder Fördermöglichkeiten für nachhaltig angelegte partizipative künstlerisch-wissenschaftliche Forschungsprojekte nieder. Das führt dazu, dass Projekte derzeit weiterhin punktuell und temporär bleiben und in Logiken der Kunstproduktion oder der wissenschaftlichen Forschung entwickelt werden. Unter diesen Rahmenbedingungen können sie ihr spezifisches Potenzial jedoch nicht voll entfalten, und ihre Ergebnisse werden nicht adäquat als solche wahrgenommen. Nicht zuletzt deshalb hat sich 2022 auf Initiative des Forschungstheaters das Netzwerk *Forschung im Kinder- und Jugendtheater* (FKJT) gegründet. Mit ihm soll ein Rahmen für Austausch, Zusammenarbeit und Weiterentwicklung der unterschiedlichen Ansätze und Projekte geschaffen und nicht zuletzt kultur- und wissenschaftspolitische Veränderung angestoßen werden. Das Netzwerk hat bislang mehrere Labore und Symposien veranstaltet, Mini-Stipendien für künstlerische Forschungsprojekte junger Performancemacher*innen durch eine Kinder-Jury vergeben lassen und wegweisende Forschungsprojekte unterschiedlicher Akteur*innen miteinander ins Gespräch gebracht, auf einer Website versammelt und zum Teil sogar zum Nachmachen freigegeben. Für die Zukunft arbeitet das Netzwerk darauf hin, geeignete Finanzierungsmöglichkeiten und höhere gesellschaftliche Anerkennung für seine Forschungsarbeit zu schaffen. Sollte das Forschungstheater zukünftig seinen in den 2010er Jahren vorübergehend erlangten Status einer außeruniversitären Forschungseinrichtung zurückgewinnen können, wäre das über seine zahlreichen künstlerischen Auszeichnungen und die Einbindung seiner Prozesse in die Kulturpolitik hinaus auch aus der Forschungslandschaft heraus eine überfällige Anerkennung der Relevanz seiner wegweisenden Arbeit.

Ist das noch Theater? Oder ist das schon Forschung? Das Forschungstheater ist beides, weil es die Forschung als Theater und das Theater als Forschung ernst nimmt. Und das wichtigste dabei: »Im Forschungstheater können wir beeinflussen, wie Kinder und Erwachsene sich begegnen. Hier spielen wir mit anderen Verhältnissen – so lange, bis uns die Unterscheidung von Kindern und Erwachsenen endlich nicht mehr so wichtig erscheint.« (Sibylle Peters)

Verwendete Literatur:
FKJT Forschung im Kinder- und Jugendtheater, https://forschung-im-kjt.net/ (zuletzt aufgerufen am 8. 5. 2024) | Maike Gunsilius/Sibylle Peters: »Heterotopian Zone«; »Improbable Assembly«; »Try-out Institution«; *Participatory Art Based Research and Knowledge Production*, pab-research.de/ (2019–2021, zuletzt aufgerufen am 8. 5. 2024) | Melanie Hinz, Micha Kranixfeld, Norma Köhler, Christoph Scheurle: »Vom Zauberwort *Forschendes Theater* und dem Versuch einer wissenschaftlich-künstlerischen Bestandsaufnahme«, in: *Forschendes Theater in Sozialen Feldern*, herausgegeben von dies., München: kopaed 2018, S. 21–30 | Sibylle Peters: *Show And Tell/Sagen und Zeigen. Eine Anleitung zum Theater des Wissens*, Hamburg 2007 | Sibylle Peters (Hg.): *Das Forschen aller: Artistic Research als Wissensproduktion zwischen Kunst, Wissenschaft und Gesellschaft*, Bielefeld: transcript 2013 | Sibylle Peters/Theatre of Research: *Performing Research: How to conduct research projects with kids and adults using Live Art strategies*, London: LADA Live Art Development Agency, www.thisisliveart.co.uk/wp-content/uploads/uploads/documents/SIBYLLE_TOOLKIT_WEB.pdf (2017, zuletzt aufgerufen am 8. 5. 2024) | Sibylle Peters: *Live Art and Kids*, London: LADA Live Art Development Agency, www.thisisliveart.co.uk/wp-content/uploads/uploads/documents/SIBYLLE_STUDY_GUIDE_WEB.pdf (2017, zuletzt aufgerufen am 8. 5. 2024) | Sibylle Peters: »Performing Research. Szenische Forschungsprojekte mit Schulkindern«, in: *Zwischen Kunst und Bildung. Theorie, Vermittlung, Forschung in der zeitgenössischen Theater-, Tanz- und Performancekunst*, herausgegeben von Kristin Westphal et al., Oberhausen: Athena 2018, S. 145–168.
Das abschließende Zitat von Sibylle Peters ist ihrem Vortrag während der ASSITEJ-Werkstatt im FUNDUS THEATER | Forschungstheater am 11. 9. 2022 entnommen, siehe *Theater der Zeit*, tdz.de/artikel/b258de9b-5ec0-4bd3-8f92-25a1165e14e6 (2023, zuletzt aufgerufen am 8. 5. 2024).

»Wir wollen die Nachhaltigkeit des Außerordentlichen, des Unwahrscheinlichen, des besonderen Erlebnisses«

Gundula Hölty, Hannah Kowalski, Hanno Krieg, Sibylle Peters und Christopher Weymann im Gespräch mit Maike Gunsilius und Heike Roms über Ansatz und Arbeitsweise des Forschungstheaters

Maike Gunsilius und Heike Roms: Ihr alle seid das Leitungsteam des FUNDUS THEATERs und arbeitet in den einzelnen Projekten der Programmschiene Forschungstheater als festes und zugleich durchlässiges künstlerisches Team zusammen. Im Gegensatz zu anderen Kollektiven habt ihr nicht im gemeinsamen Studium zueinandergefunden. Aus welchen Bereichen kommt ihr, und wie ist dieses Team gewachsen?

Sibylle Peters: Vor zwanzig Jahren ist das Forschungstheater zu einem Programm innerhalb des FUNDUS THEATERs geworden. In den letzten fünf Jahren, spätestens mit dem Umzug in das neue Haus, machen wir eigentlich keinen Unterschied mehr zwischen dem FUNDUS THEATER als Ganzem und dem Forschungstheater. In diesem Sinne ist das Team natürlich viel größer als die Leute, die jetzt hier am Tisch sitzen und die künstlerischen Entscheidungen treffen. Ich sage immer, wir sind fünfzehn, von denen viele halbtags arbeiten, und dann sind wir noch circa zehn feste Freie, die immer mal wieder bei uns arbeiten.

Gundula Hölty: Ich bin im nächsten Jahr zwanzig Jahre am FUNDUS THEATER. Ich habe 2004 im Bereich Presse- und Öffentlichkeitsarbeit angefangen und bin mittlerweile mit Hanno in der Geschäftsführung und auch Gesellschafterin.

Hanno Krieg: Für mich fügen sich im Forschungstheater meine unterschiedlichen Ausbildungen und Stationen so zusammen, dass meine berufliche Biografie plötzlich Sinn ergibt. Ich habe eine Tischlerlehre gemacht, danach Kunst studiert und bin beim Dokumentarfilm gelandet. Darüber bin ich sozusagen ins Bild gekommen, 2003 beim ersten Projekt von Sibylle hier am FUNDUS THEATER. Die Forschungsergebnisse haben mich auch als Dokumentarfilmer interessiert, genauso wie der Ansatz, künstlerische Prozesse ernster zu nehmen als das Kunstwerk selbst. Schon im Kunststudium fand ich die Werke häufig langweilig, aber die Lernprozesse spannend. In unserem kleinen Team müssen wir alles selber machen; ich bin häufig der Ansprechpartner für Raum und Szenografie. Einen Filmschnitt zu machen und eine Stunde später an der Kreissäge zu stehen und was zu bauen, bedient alles, worauf ich Lust habe. Wahrscheinlich bin ich deshalb schon so lang hier.

Hannah Kowalski: Ich bin seit siebzehn Jahren mit dabei. Ich habe Politikwissenschaften, später Regie und Dramaturgie studiert. Für mich war das Forschungstheater ideal, um meinen Wunsch, politisch zu handeln, und meine Liebe zum Kindertheater zusammenzubringen – und dann auch noch Forschung! Zwei meiner Wunsch-Schwerpunkte sind naturwissenschaftliche Phänomene und politische Themen, wie zum Beispiel das Kinderwahlrecht. Neben Konzeption, Forschungsprozessen und Performance bin ich auch zuständig für die Kontakte mit Kindern und Lehrer*innen.

Christopher Weymann: Ich bin seit acht oder neun Jahren dabei. Ich habe Informatik und Psychologie studiert und wusste erst nicht, was ich damit machen sollte. Dann bin ich hier gelandet, und plötzlich ergab alles auch für mich Sinn. Mein Motto ist: »Alles, was binär ist, muss gehackt werden.« Ich habe einen besonderen Fokus auf Digitalität und Gender.

Heike Roms: Die Zeitrechnung des Forschungstheaters beginnt 2003 mit dem ersten Projekt *Schuluhr & Zeitmaschine*. War dieses Projekt auch der Anfang einer bestimmten Arbeitsweise, die das Forschungstheater ausmacht?

Sibylle Peters: Mit *Schuluhr & Zeitmaschine* haben wir ein Format erfunden, dem wir bis heute treu geblieben sind. Damals ist es aufgefallen, weil es die »normale« theaterpädagogische Reihenfolge – »Wir gehen ins Theater, danach machen wir Spiele, malen etwas und reflektieren das Theaterstück« – umgedreht hat. Bei *Schuluhr & Zeitmaschine* sind wir zuerst in die Schule gegangen, haben dort eine Forschung gemacht und haben dann die beteiligten Kinder ins Theater eingeladen. Durch diese Arbeitsweise haben wir fast eine fertige Inszenierung, denn die Ergebnisse unserer gemeinsamen Forschung – nicht immer, aber häufig dokumentiert in Videoform – integrieren wir jeweils in die Aufführung. Dieses Format haben wir immer wieder eingesetzt, zum Beispiel bei *Die Spukversicherung* (2013) oder *Anleitung zur Wundersuche* (2009) und im Moment bei *Soundcheck Schule*. Wir untersuchen zuerst die Schule, die Umgebung der Kinder. Wenn die Kinder später als Publikum im Theater sind, fühlen sie sich ganz anders beteiligt an der Aufführung; sie sind quasi mit auf der Bühne, obwohl sie draufgucken können.

Heike Roms: Wird dieser Prozess immer über Schulen vermittelt?

Sibylle Peters: Ja, oft. Eine Besonderheit von Kindertheater ist, dass man weiß, wo man sein Publikum findet.

Hannah Kowalski: Schule ist der Ort, wo Kinder einen Großteil ihres Alltags verbringen, deshalb forschen wir auch dort. Die Zusammenarbeit mit Schulen finde ich deshalb wichtig, weil

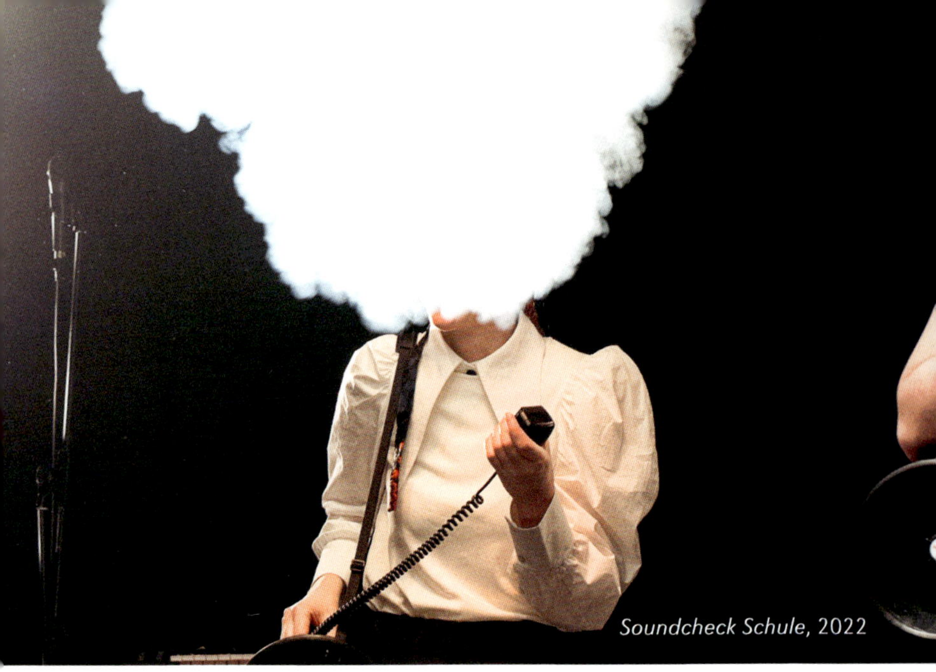

Soundcheck Schule, 2022

man dort quasi alle Gesellschaftsschichten erreicht. Das Familienpublikum besteht oft aus theateraffinen Eltern und Kindern, die vielleicht auch in die Oper gehen oder andere Kulturangebote wahrnehmen. In einer Schulklasse sind sowohl die Kinder, die regelmäßig in die Oper gehen, als auch die Kinder, die noch nie im Theater waren. Das ist für mich ein großer Unterschied zum Erwachsenentheater.

Die Form, in der wir als Forschungstheater mit Schulen zusammenarbeiten, wäre ohne die engagierten Lehrer*innen nicht möglich. Im aktuellen Projekt *Soundcheck Schule* machen wir zum Beispiel mit zwei Klassen einen Augmented Audio Walk in der Schule. Die Lehrer*innen müssen organisieren, dass wir vor Ort genug Internet haben und dass die Kinder an zwei Tagen vom Unterricht freigestellt werden. Dann müssen wir organisieren, dass sie drei Wochen später ins FUNDUS THEATER kommen und sich *ihr* spezifisches Schulkonzert angucken und den Sound *ihrer* Schule hören. Wir sind auf das Engagement der Lehrer*innen angewiesen, die für uns alles möglich machen und sich auch mal gegen durchgetaktete Schulstrukturen durchsetzen.

Wenn wir über das Programm TUSCH (das Schulen und Theater zusammenbringt) über zwei oder drei Jahre enger mit einer Schule kooperieren, dann kennt uns das Kollegium, und wir können Prozesse richtig miteinander entwickeln.

Hanno Krieg: Nicht nur bei *Schuluhr & Zeitmaschine,* auch bei *Kinder testen Schule* (2008) oder bei *Die Gesellschaft zur Erfindung von Messverfahren* (2014) geht es um Themen und Fragen, die in der Schule verankert sind. Welche Regeln gibt es in der Schule? Wie werde ich bewertet? Wie funktioniert das Zeitregime? Viele der Themen, die für die Kinder und für unsere Forschungsprojekte wichtig sind, finden sich in diesem institutionalisierten Hineinwachsen in die Gesellschaft, in den ersten vier bis sechs Schuljahren. Das sind Fragen, die man mit den Kindern untersuchen muss, weil sie hier Expert*innen sind. Ich glaube, dass einige Regeln und Strukturen auch Lehrer*innen auf den Zeiger gehen, und das sind dann vielleicht unsere Kompliz*innen, die denken, hier könnte doch mal was genauer untersucht werden.

Maike Gunsilius: **Bei *Schuluhr & Zeitmaschine* wurden Kinder als Expert*innen und als Co-Forscher*innen dazugeholt, weil sie diejenigen sind, die die Konstruktion von Zeit in der Schule sehr prägnant erfahren. Warum habt ihr seitdem weiter mit Kindern geforscht? Was macht Kinder als Expert*innen aus, und wie sind sie als Expert*innen an euren Forschungsprojekten beteiligt?**

Hanno Krieg: An *Schuluhr & Zeitmaschine* wird das fantastisch deutlich. Als Erwachsene denken wir über die Konstruktion von Zeit nicht mehr nach. Es gibt die Physikalisch-Technische Bundesanstalt, die mit einer Cäsiumquelle das Normmaß setzt, und das wird nicht weiter hinterfragt. Aber Kinder fragen eben: »Warum ist das so?« Und: »Wie wäre es, wenn es anders wäre?« Grundschulkinder haben in der Regel diese Bereitschaft, Dinge spielerisch infrage zu stellen. Sie lassen sich sofort darauf ein, dass etwas auch ganz anders sein könnte, und wollen das mal ausprobieren. Darin steckt für mich das Potenzial, die Welt zu verändern, mal eine andere Setzung zu machen, Dinge auszuprobieren, vielleicht auch zu dem Schluss zu kommen, dass bestimmte Sachen sich als sinnvoll erweisen und funktionieren. Das ist auch bei unserem Spiel *PLAYING UP* (2016) ein ganz besonderer Moment, zum Beispiel für eine Familie, weil da selbstverständliche Verhältnisse und Regeln einfach umgedreht werden. Es ist toll zu sehen, wenn es bei Kindern (oder Erwachsenen) Klick macht: »Aha, so ist das also. Die Welt könnte ganz anders aussehen, wenn die Regeln anders wären.«

Heike Roms: Ihr sprecht oft Kinder und Erwachsene gleichermaßen als Expert*innen an. Wie wichtig ist die intergenerationale Arbeit für das Forschungstheater?

Sibylle Peters: In der Tradition des FUNDUS THEATERs haben wir immer schon gesagt, wir arbeiten mit Kindern, weil sie Welt-Neulinge sind. Über die Jahre haben wir festgestellt, dass wir aber auch Advokat*innen für die Kinder sein müssen, denn wenn man mit ihnen arbeitet, merkt man, dass sie eine stark diskriminierte gesellschaftliche Gruppe sind. Und wir haben mehr und mehr zum Intergenerationalen gefunden. »Alles, was binär ist, muss gehackt werden« gilt auch für die Binarität Kinder und

Erwachsene. Daraus entwickelte sich die Motivation, mehr intergenerationale Publika zu schaffen. Bei *PLAYING UP* war das eine zentrale Erkenntnis: Es gibt wenig Öffentlichkeiten, die durchmischt sind. Das schafft eigentlich nur Marvel, alles andere ist entweder für Kinder *oder* für Erwachsene.

Hannah Kowalski: Beim gemeinsamen Forschen geht es darum, was sich Kinder wünschen, aber auch darum, was zum Wunsch der Kinder hinzukommen kann, damit ich als Erwachsene mit einem eigenen Interesse da andocken kann und wir zusammen in Forschungsprozesse kommen können.

Maike Gunsilius: **Der Wunsch der Kinder ist immer Ausgangspunkt für eure Projekte. Warum ist das so zentral? Wie verbindet sich in der Methode, die ihr gefunden habt, der Wunsch mit einer diskursiven Frage und mit einem künstlerischen Verfahren?**

Christopher Weymann: Das ist eine schöne Art in einen Prozess zu gehen, ohne dass man schnell an eine Frustrationsgrenze kommt. Man wünscht sich ganz oft etwas, doch Wünsche erfüllen sich meistens nicht sofort. Wir kommen hier nicht weiter? Okay, dann müssen jetzt irgendwie anders weiterforschen, damit dieser Wunsch wahr wird. In einem Wunsch ist ganz viel positive Energie.

Hanno Krieg: Manchmal ist man auch mit Wünschen konfrontiert, bei denen man nicht weiß, wie man jetzt damit umgehen soll. *There's No Business Like Showbusiness* (2016) war ein Projekt, bei dem es dauernd gekracht hat. Die Kinder sollten die Rolle der Programmdirektor*innen übernehmen und hatten ein Budget von 3000 Euro zur Verfügung, was den durchschnittlichen Kosten einer Performance bei uns entspricht. Es gab drei Gruppen; jede hatte also einen Tausender, mit dem sie das Programm der Show gestalten sollte. Mehrmals wollte eine Gruppe das ganze Geld für Süßigkeiten ausgeben. Da denkt man: Ist unsere Rolle hier, die kapitalistische Konsumbefriedigungslogik zu bedienen? Die Herausforderung an uns als Produktionsassistent*innen der Kinder ist dann, Vorschläge zu machen. Mit dem Wunsch nach Süßigkeiten kannst du das, das oder das machen, oder wir machen einen Kompromiss: Wir laden einen Tänzer ein, der die Süßigkeiten tanzt; er erzählt tänzerisch was über die Süßigkeiten, während wir sie essen, und anschließend gibt es noch eine Lecture-Performance über Zucker, bis die Süßigkeiten alle sind.

Sibylle Peters: Aus solchen problematischen Situationen entstehen oft ganze Forschungsprojekte. Gerade dann arbeitet das in einem. Dann kommt zum Beispiel das Projekt *Auf Zucker* (2019) dabei heraus. Bei *There's No Business Like Showbusiness* wollten die Kinder Tiere ins Theater bringen. Wir dachten, oh nein, das arme Pferd et cetera … – aus der Idee ist dann *Animals of Manchester (including HUMANZ)* (2019) entstanden.

Es gibt bei uns zwei Arten von Wünschen: Zum einen gibt es die Projekte, bei denen wir fragen, was auf der Bühne passieren soll, und andere, bei denen wir sagen: »Wünsch dir was!« Da geht es um einen Lebenswunsch, wo das Theater zur Ressource oder zu einem Raum wird, in dem vielleicht etwas möglich gemacht werden kann, was sonst in der Gesellschaft nicht geht. Beide Stränge sind wichtig, bei beiden geht es um Co-Kreation! Was wir bei uns im Forschungstheater nie sagen, vielleicht auch, weil wir von der Forschung kommen, ist: Ich habe als Künstler*in ein Thema oder Anliegen und möchte das jetzt behandeln. Statt dieses inneren Prozesses ist der Wunsch, der von außen an uns herangetragen wird, der Motor.

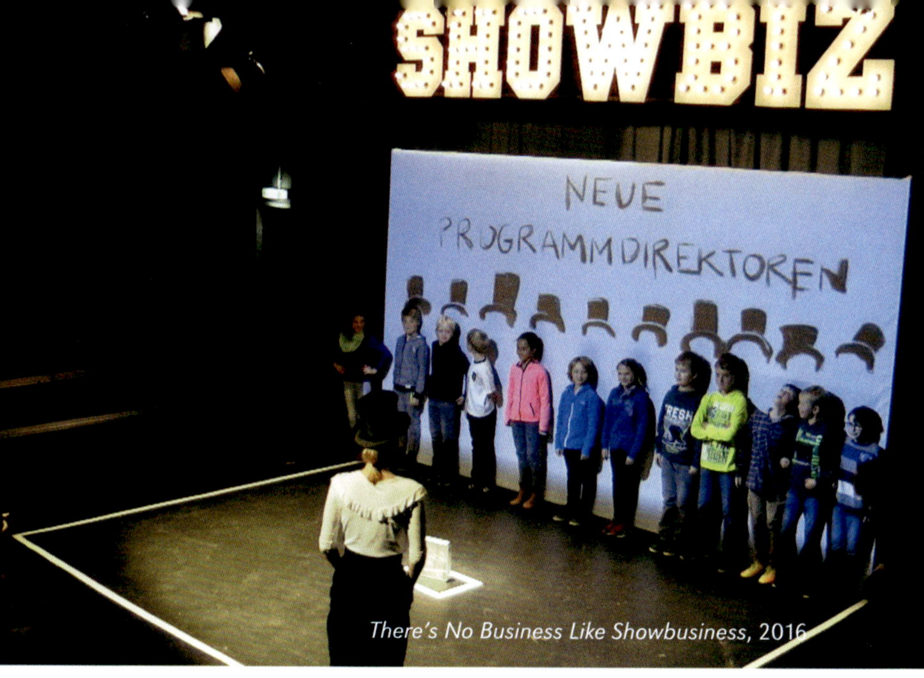

There's No Business Like Showbusiness, 2016

Heike Roms: Ihr habt vorhin von einer Umkehrung von Prozess und Werk gesprochen. Wie kann man sich das konkret in eurer Arbeitsweise vorstellen? Wie wird aus einem Forschungsprozess ein szenisches Ereignis auf der Bühne? Spielen Proben eine Rolle?

Hannah Kowalski: Das ist vom Gegenstand abhängig. Für Projekte wie *Die Spukversicherung*, *Soundcheck Schule* oder *Schuluhr & Zeitmaschine* gehen wir zur Forschung in die Schule und bringen sie dann zurück ins Theater, in eine Inszenierung, deren Rahmen feststeht und in die die Befunde der Kinder eingespeist werden. Die Kinder erleben ihr Material dann als Publikum einer Inszenierung. Anders zum Beispiel bei *Die Kinderbank* (2012), wo wir über einen langen Zeitraum mit einer Schule direkt neben unserem Theater kooperiert und das Theater immer wieder als Versammlungsort benutzt haben. Das Theater ist ja ein wandelbares Forum; wir können sagen: Hier sind wir jetzt Kinderbank-Aktionäre und machen eine Versammlung im Theater. Mit dem Netzwerk der Kinderbank und aus den Forschungsergebnissen ist später eine Inszenierung entstanden.

Ein großer Unterschied zu anderen Theaterformen ist, dass wir relativ wenig proben. Manchmal auch gar nicht. Stattdessen konzipieren wir Forschungs-Setups und verbringen viel Zeit mit ihrem Bau und ihrer Organisation. Beispielsweise war es viel Arbeit, das Netzwerk für *Die Kinderbank* gemeinsam mit Studierenden herzustellen – Geschäfte in der Umgebung einzubeziehen, die Besitzer*innen zu überzeugen, die Währung der Kinder anzunehmen … Man organisiert dann viel und probt eher selten; das Theater wird dann vielmehr als Raum benutzt, um all die Personen, die an dem Prozess beteiligt sind, zu versammeln.

Sibylle Peters: Ich würde sagen, es sind drei Formate, mit denen wir es schaffen, in relativ kurzer Zeit Forschungsergebnisse auf die Bühne zu bringen. Ein Format ist die Lecture-Performance, das »Show and Tell«-Prinzip: »Du erklärst das, währenddessen mach ich das.« Und dann ergibt sich etwas zwischen diesen beiden Vorgängen. All unsere Produktionen sind für mich Lecture-Performances, auch wenn es niemand mehr richtig merkt, aber es entwickelt sich eigentlich alles daraus. Das zweite Format nennt sich »Institution auf Probe«: Wir gründen ständig irgendwelche Institutionen; im Moment haben wir *Der Schönfühlsalon* oder eben *Die Spukversicherung* … Das sind alles Institutionen, die das fassen sollen, was wir jeweils erreichen wollen. Das dritte Format ist die Versammlung, wobei es uns darum geht, »improbable assemblies« – unwahrscheinliche Versammlungen – zu produzieren. Daneben gibt es auch Stücke, die wir als Team schon intensiv proben, aber tatsächlich fast nie mit Kindern. Das ist ein ganz großer Unterschied zu vielen anderen ebenfalls tollen Ansätzen. Wir geben den Kindern *confidence*, damit sie sich, wenn sie etwas sagen wollen, auch sicher fühlen. Aber wir proben keine Theaterstücke mit ihnen. Für die Präsentationen unserer Forschungsprojekte ist das auch gar nicht notwendig. Mit diesen Aufführungsformen kriegen wir es schnell hin, etwas auf die Bühne zu bringen.

Hanno Krieg: Manchmal schmerzt es mich, dass so schnell produziert wird, weil ich denke, das Projekt könnte noch viel besser werden.

Maike Gunsilius: **Hanno, du baust oft die Räume. Wie übersetzen sich ein Forschungs-Setup und ein Forschungsprozess in einen Raum, den man szenisch und performativ benutzen kann? Wie wird der Bühnenraum Teil eines Rahmens, in dem man auch als Person mit wenig Theatererfahrung gut aufgehoben ist?**

Hanno Krieg: Es geht weniger darum, einen tollen Raum zu gestalten, als darum, dem Prozess Raum zu geben. Bei *There's No Business Like Showbusiness* war es einfach eine Projektionsleinwand. Die Wand war 2,80 Meter hoch und 5 Meter breit, und darüber war ein Schild aus Glühbirnen, auf dem »Showbiz« stand. Wir tauchten dann an der Seite, davor oder ganz oben auf. Das waren minimalistische Anordnungen, die jeweils dadurch gefüllt wurden, dass etwas projiziert oder präsentiert wurde. Wichtig sind die Gespräche darüber, wo es mögliche Redepositionen gibt. Wo kann jemand aus welcher Perspektive sprechen? Braucht es eine Leinwand, wo jemand was sagt, oder stellt er*sie sich auf ein Podium? Wen hebt man auf eine Bühne? Wer war vorher noch nicht auf der Bühne? Ganz häufig gehen wir dabei von unserem Setup aus. Zum Beispiel: Wie sehen typische Bankversammlungen aus? Aktionär*innen sitzen meist an großen

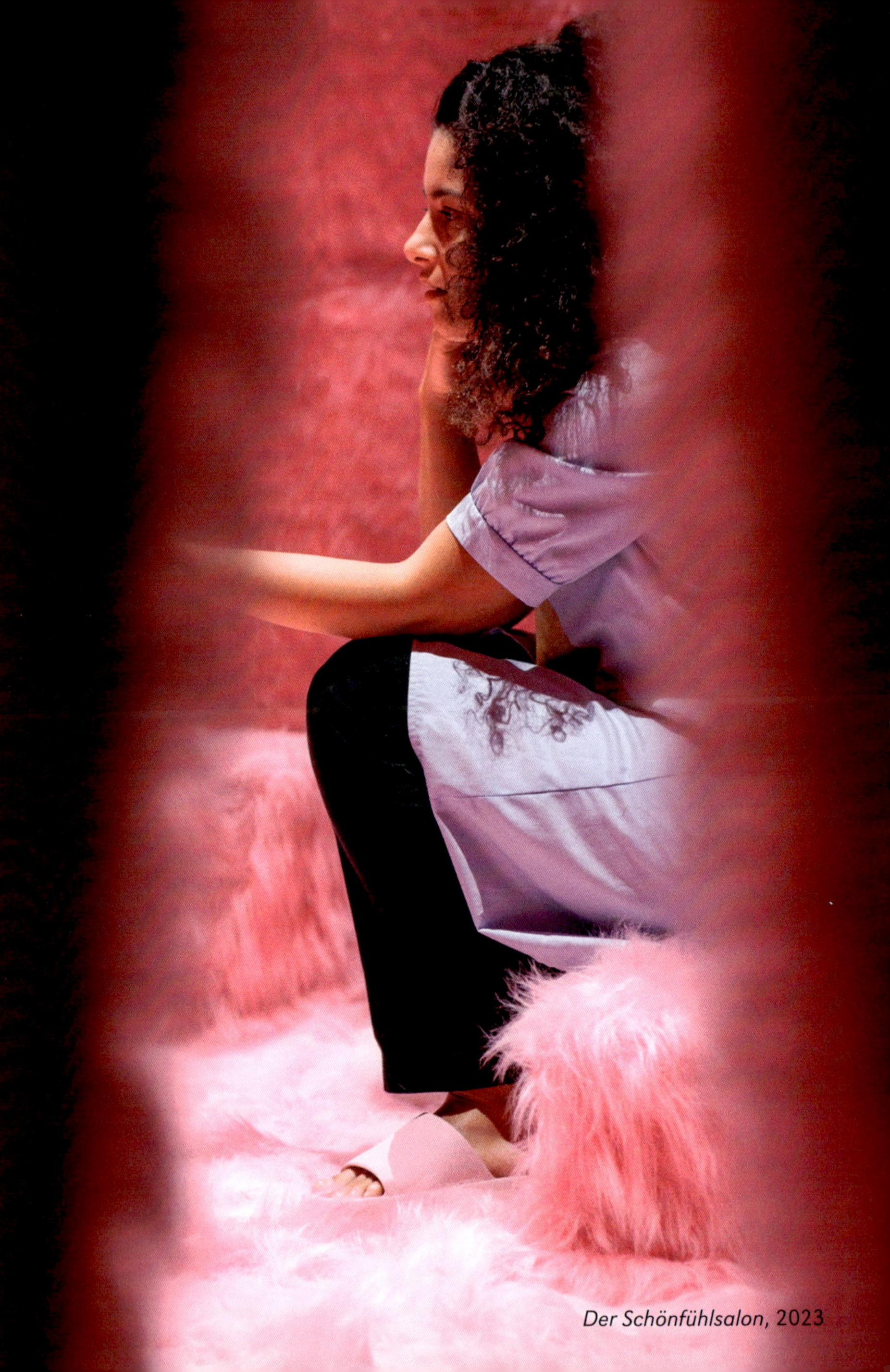

Der Schönfühlsalon, 2023

ovalen Verhandlungstischen … Aus so einem minimalistischen Bild entsteht dann vielleicht einfach ein ovaler roter Teppich, um den man herumsitzt und auf dem man auch malen kann.

Hannah Kowalski: Die Räume im Forschungstheater sind auch deshalb einfach, weil wir kaum Mittel haben. Wir haben keine*n extra Bühnenbildner*in und auch nicht immer ein Budget für ein Bühnenbild. Wir denken gemeinsam über den Raum nach, und dann hat Hanno den Hut auf, weil er das besonders gut kann. Er steht aber auch selber auf der Bühne. Durch die Fragen »Wo will ich sprechen?« und »Wie bewege ich mich hier?« entsteht der Raum.

Hanno Krieg: Beim Projekt *Das Kinderwahlbüro* (2020) ging es Hannah um verschiedene Möglichkeiten, Meinungsbildungsprozesse zu gestalten. Irgendwann entstand etwas mit Murmeln. Ich hatte Lust, eine Murmelbahn als Abstimmungsmaschine zu bauen. Man konnte die Wege der Murmeln beobachten, sie liefen zum Beispiel auch über Xylofon-Klangstäbe. Bei einer Ja-Murmel gab es einen Dur-Dreiklang, bei einer Nein-Murmel einen Moll-Dreiklang. Das ist mein Luxus – ich baue so ein Ding, weil ich Lust darauf habe.

Hannah Kowalski: Und diese Murmelbahn entstand aus der Forschungsfrage: Was braucht es, damit Kinder beim Abstimmen Spaß haben und dieser performative Moment des Abstimmens erlebbar wird? Es ist toll, wenn das Forschen dann in einem Objekt abbildbar wird, das man zusammen entwickelt.

Sibylle Peters: Die Räume produzieren das Gefühl, das man in einer Versammlung oder Aufführung hat. In *Der Schönfühlsalon* (2023) haben wir riesige kuschelige Flokati-Höhlen, damit sich alle wohl und aufgehoben fühlen können. Der Raum spricht sehr das Gefühl an, vielleicht auch, weil wir darin oft diskursiv arbeiten.

Hanno Krieg: Die Institutionen, die wir gründen, werden auch maßgeblich durch die Arbeit von Gundula und der Grafikerin mitgestaltet. Wenn Kinder als *Das Junge Institut für Zukunftsforschung* Expertisen dazu suchen, wie die Welt in dreißig Jahren sein wird, heißt das, Leute und Institutionen anzuschreiben, Flugblätter zu drucken, Badges herzustellen. Und dafür ein Logo zu entwickeln, durch das sich die Kinder ermächtigt fühlen, in diese gesellschaftlichen Rollen zu schlüpfen. Bei *Die Kinderbank* war die grafische Arbeit wichtig, um gute, vorzeigbare Produkte herzustellen, mit denen zwischen Kindern und Erwachsenen eine Intervention auf Augenhöhe stattfinden konnte. Grafik und PR leisten immer einen ganz wichtigen Beitrag.

Gundula Hölty: Ja, zu jeder Produktion entsteht ein Logo, Booklet oder etwas Ähnliches. Wir arbeiten schon lange mit der Grafikerin Maja Bechert zusammen, die ein gutes Gespür dafür hat, was wir benötigen. Bei *Die Kinderbank* haben die Kinder ihrem Geld selbst einen Namen gegeben und die Motive für die Geldscheine entworfen. Ergänzt durch ein Logo und spezielles Papier sind dann überzeugende, wertige Geldscheine entstanden. So etwas kann wichtig sein, damit die Institution glaubwürdig rüberkommt.

Heike Roms: **Euer Publikum sind zum einen die Schulen, die bereits im Prozess mit drinstecken, darüber hinaus aber auch weitere Schulklassen oder Familien. Gundula, wie vermittelst du in der Kommunikations- und Öffentlichkeitsarbeit die spezielle**

S. 63 und 64: *Die Kinderbank*, 2012

GELD SELBER MACHEN!

WIR GRÜNDEN EINE FILIALE DER KINDERBANK HAMBURG

Kinderbank Hamburg hat ihr eigenes Geld, nur von Kindern (unter 14 Jahren) verwendet werden darf. Es heißt **Abenteuergeld** und wird in Scheinen mit dem Aufdruck **100 Abenteuer** in Umlauf gebracht.

In der **Kinderbankbox** findet Ihr alles, was Ihr braucht, um Eure eigenen Abenteuerscheine zu machen. **Achtung: Vorher müsst Ihr dafür sorgen, dass Euer Geld auch wirklich funktioniert!**

1 EINEN PLAN MACHEN

Das Abenteuergeld ist nicht in Euros tauschbar. Um damit zu bezahlen, muss man zunächst Läden und Leute finden, die sich bereit erklären, das Abenteuergeld in Zahlung zu nehmen. Dies sollten vor allem kleine Läden und Leute aus Eurer Umgebung sein.

Malt einen Plan von Eurem Stadtteil. Wo gibt es kleine Läden, die man fragen könnte? Alle möglichen Arten von Läden kommen in Frage, denn überall gibt es spannende Dinge und Erlebnisse. Sucht am Besten kleine Läden, in denen der Chef oder die Chefin selbst an der Kasse sitzt!

Check: ☐

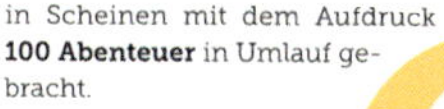

2 KINDERBANK-PARTNER FINDEN

Nun macht einen Rundgang durch den Stadtteil. Teilt Euch in Gruppen auf und besucht die Läden. Erzählt Ihnen von Eurem Vorhaben und fragt sie, ob sie irgendetwas für Abenteuergeld verkaufen würden. In einem Obstgeschäft kann das zum Beispiel eine Obstsorte sein, jeden Tag wieder eine andere, nach Wahl der Leute, die in den Läden arbeiten.

Oder es ist etwas, was man normalerweise gar nicht kaufen kann – ein Abenteuer. Zum Beispiel zehn Minuten im Schaufenster sitzen, oder lernen, wie die Kasse funktioniert, oder etwas ganz anderes.

Mitglied in der Kinderbank Hamburg zu sein, ist auch für die Läden gut. Denn wenn man im kleinen Laden um die Ecke mit Abenteuergeld zahlen kann, in den großen Einkaufszentren aber nicht, entsteht ein Zusammenhalt im Stadtteil. Neben Läden können auch Sportvereine, Kinos, Theater oder Stadtteilzentren gute Partner für Eure Kinderbank sein!

In der Kinderbankbox findet Ihr ein Vereinbarungsformular. Darauf steht alles, was die LadenbesitzerInnen über die Kinderbank wissen müssen. Kopiert es und nehmt ausreichend Formulare auf Euren Rundgang mit. Wenn ein Laden Mitglied Eurer Kinderbank werden will, lasst ihn zwei dieser Formulare unterschreiben: Eines bleibt im Laden, eines nehmt Ihr wieder mit. Es gehört zum Schatz Eurer Kinderbankfiliale und sollte in der Kinderbankbox verwahrt werden.

In der Kinderbankbox findet Ihr Aufkleber. Wenn Ihr einen Laden oder eine andere Stelle dafür gewonnen habt, bei der Kinderbank mitzumachen, klebt Ihr gemeinsam einen der Aufkleber von innen an die Schaufensterscheibe. So können alle Kinder erkennen, wer bei der Kinderbank mitmacht.

Check: ☐

3 DIE KARTE EURER KINDERBANK ERSTELLEN

Wenn Ihr mindestens fünf Läden oder andere Stellen gefunden habt, die bereit sind, das Abenteuergeld in Zahlung zu nehmen, zeichnet eine Karte von der Umgebung, in der alle Partner Eurer Kinderbank verzeichnet sind.

In der Kinderbankbox findet Ihr dafür eine Vorlage. Wenn Ihr alles richtig eingetragen habt, könnt Ihr die Vorlage kopieren. Wenn Ihr Vor- und Rückseite kopiert und das Papier dann zweimal faltet, habt Ihr einen Flyer für Eure Kinderbankfiliale. Macht ruhig mehr Kopien, denn in jedem Laden, der bei der Kinderbank mitmacht, sollten solche Flyer liegen.

Check: ☐

4 AN DIE KINDERBANK-ZENTRALE SCHREIBEN

Schreibt alle Partner Eurer Kinderbankfiliale auf die Postkarte, die Ihr in der Kinderbankbox findet und schickt sie an das FUNDUS THEATER. Wir tragen die neuen Kinderbankpartner dann in die Karte auf unserer Website ein.

Und dann schicken wir Euch Euren eigenen Original-Kinderbankstempel! Jetzt kann die Geldmacherei losgehen!

5 GELDSCHEINE HERSTELLEN

Die Geldscheine Eurer Kinderbankfiliale gestaltet Ihr selbst. Was soll darauf zu sehen sein? Fangt an zu malen und zu basteln oder Kartoffelstempel herzustellen!

Hier sind ein paar Fragen, über die Ihr reden könnt, um auf Ideen für die Gestaltung zu kommen:
Was bedeutet Reichtum für Dich? Was bedeutet Armut? Was ist der Unterschied zwischen Schenken, Tauschen und Kaufen? Stört Dich etwas am Eurogeld? Wie soll sich Euer Geld vom Euro unterscheiden? Was für Eigenschaften hat das Geld Deiner Träume?
Schaut doch mal nach, was früher schon alles als Geld gedient hat!

Um Eure Geldscheine herzustellen, könnt Ihr die Blankoscheine aus der Box nehmen. Wenn Ihr mit Fotos / Collagen und ähnlichem arbeiten wollt, findet Ihr auf der CD in der Box aber auch eine Vorlage, mit der Ihr die Geldscheine im Computer machen könnt. Für den Ausdruck benötigt Ihr dann das Original-Abenteuergeldpapier. Schickt uns eine Email, dann senden wir Euch die leeren Bögen zu.

Check: ☐

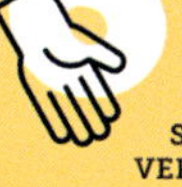

6 GELDSCHEINE VERTEILEN

Jedes Mitglied Eurer Kinderbankfiliale, also alle Kinder, die bei der Vorbereitung mitgemacht haben, bekommen gleichviele Abenteuerscheine. Aber wie viele? Das gilt es genau zu überlegen! Als Faustregel gilt: Pro mitwirkendem Geschäft sollte jedes Mitglied einen Schein erhalten. Bei fünf Läden sind das also fünf Scheine pro KinderbankerIn. Je mehr Kinderbanker mitmachen, desto mehr Läden solltet Ihr finden.

Was glaubt Ihr, was geschehen würde, wenn Ihr viel mehr Abenteuergeld druckt?

Check: ☐

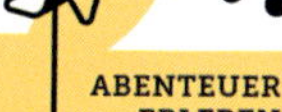

7 ABENTEUER ERLEBEN

Das Abenteuergeld Eurer Filiale ist nun in allen Läden gültig, die zur Kinderbank Hamburg gehören – auch in den anderen Stadtteilen (siehe Website). Jetzt könnt Ihr das Abenteuergeld ausgeben! Fragt in den Läden, die Ihr noch nicht kennt, einfach:

»Was gibt es hier für Abenteuergeld zu kaufen?«

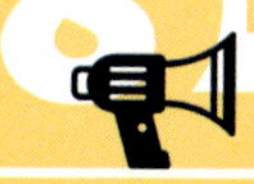

8 DIE KINDERBANKVERSAMMLUNG

Was passiert, wenn Ihr die ersten Scheine ausgegeben habt? Dann beruft Ihr eine Kinderbankversammlung ein – zum Beispiel in der Schule oder im Stadtteilzentrum. Ladet dazu alle Mitglieder der Kinderbank und alle Läden und Leute ein, die Abenteuergeld in Zahlung nehmen. Vielleicht haben auch Eure Familien und Freunde Lust zu kommen?

Auf der Versammlung könnt Ihr davon berichten, was Ihr mit dem Abenteuergeld erlebt habt. Am Besten schreibt Ihr nach jedem Abenteuergeldausflug gleich auf, was geschehen ist, um für die Versammlung Material zu sammeln: Was habt Ihr mit Abenteuergeld gekauft? Habt Ihr neue Leute kennengelernt? Was gab es für Überraschungen oder Schwierigkeiten? Hat sich durch das Abenteuergeld etwas verändert – für Dich persönlich, in der Schule oder im Stadtteil? Was denkst Du jetzt über Geld?

Spannender wird die Kinderbankversammlung, wenn Ihr Eure Erlebnisse auch darstellt, wenn Ihr etwas zeigt, etwas singt, etwas tanzt!

Wichtig ist aber auch, dass auf der Kinderbankversammlung die Läden und Leute, die zum Kinderbanknetzwerk gehören, berichten, was ihnen am Abenteuergeld gefällt und was nicht.

In der Kinderbankbox findest Du ein Formular mit Fragen für die Läden und Leute, die zum Netzwerk gehören. Vor der ersten Versammlung solltet Ihr dieses Formular kopieren, alle Beteiligten einmal besuchen und befragen.

Wenn alle Beteiligten gute Erfahrungen mit dem Abenteuergeld gemacht haben, kann die Kinderbankversammlung beschließen, dass neues Geld gedruckt werden soll und wieder gleichviele Scheine an alle KinderbankerInnen verteilen. Auch neue Mitglieder können bei der Kinderbankversammlung aufgenommen werden.

Auf Eurer ersten Kinderbankversammlung könnt Ihr auch einen Bankvorstand wählen, also eine kleine Gruppe von Kindern und Erwachsenen, die sich für die Kinderbank besonders verantwortlich fühlen.

Wir vom FUNDUS THEATER wollen Eure Kinderbankversammlung auf keinen Fall verpassen! Schickt uns eine Einladung!

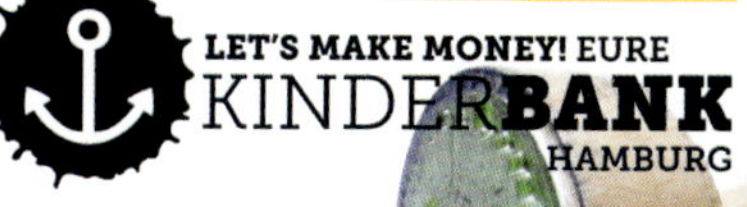

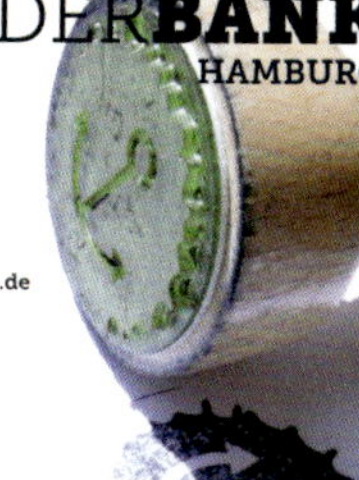

www.kinderbank-hamburg.de
kontakt@kinderbank-hamburg.de
FUNDUS THEATER
Hasselbrookstraße 25
22089 Hamburg
Tel. 040.250 727 0
www.forschungstheater.de

FUNDUS THEATER
KINDER FORSCHUNG THEATER

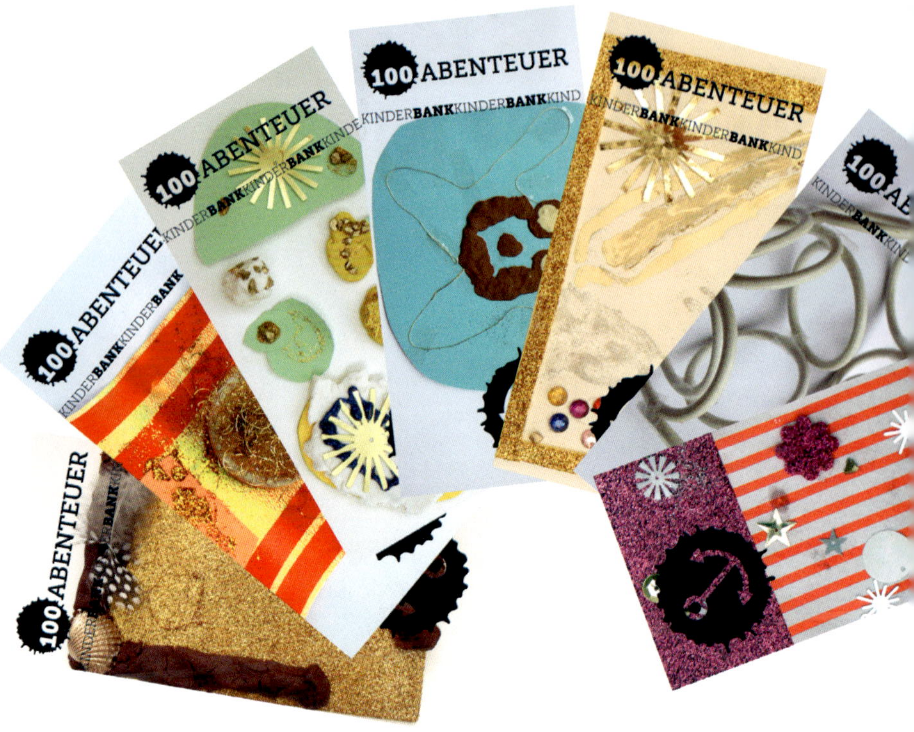

Form von Theater, um die es hier geht und die kein konventionelles Kindertheater ist?

Gundula Hölty: Dank unserer Schirmherrin können wir uns zweimal im Jahr ein sehr schönes und umfangreiches Spielzeitheft leisten. Wir versuchen, Texte möglichst einfach zu formulieren und bestimmte Begriffe zu erläutern. Natürlich können wir mit einem Heft nicht jede Zielgruppe erreichen. Website und Social Media haben mittlerweile in unserer Öffentlichkeitsarbeit ein großes Gewicht. Wir versuchen mit unterschiedlichen Ansprachen zu arbeiten und nutzen sehr schönes Fotomaterial, um verschiedenste Kanäle zu bestücken; dafür bereiten wir unser Material unterschiedlich auf.

Maike Gunsilius: Die Fotos und Trailer, die ihr dafür nutzt, kommen oft direkt aus den jeweiligen Forschungsprozessen mit Kindern. Auch innerhalb der Präsentationen spielt deren Dokumentation gerade im bewegten Bild eine große Rolle. Ist Dokumentation ein zentraler Teil eurer Forschungsarbeit?

Hanno Krieg: Dokumentation ist für mich Teil der Beweisführung unserer Forschungsprozesse. Wir gehen in eine Schule, forschen mit Kindern und fragen sie: »Wir haben jetzt alle eure Uhren eingesammelt, wir haben die Schuluhr abgestellt, es klingelt also nicht zur Pause. Gibt es für euch noch Schulzeit?« Wenn wir solche Fragen stellen, auf die es nicht die *eine* richtige Antwort gibt wie sonst oft in der Schule und die wir Erwachsene auch nicht genau beantworten können, entstehen dabei manchmal ganz tolle Ideen. Das sind für mich Momente, die dokumentiert belegen, dass das mit dem gemeinsamen Forschen ganz gut funktioniert. Die Kamera ist auch wichtig, um innerhalb eines Prozesses die verschiedenen Erkenntnisschritte festzuhalten. Das ermöglicht uns immer wieder eine Art Recap, wie bei *Die Kinderbank* zum Beispiel. Da lief der Prozess über Monate: »Was ist bisher geschehen? Aha, die Bank ist schon längst gegründet, das Geld ist gedruckt, und jetzt sind wir in der Bankversammlung, in der es um Inflation oder die negativen Folgen von Geldwirtschaft in unseren Freundschafts-Beziehungen geht... Sollen wir jetzt neues Geld drucken oder müssen wir etwas ändern?« Dokumentation half auch, die Beteiligten, die später dazukamen, ins Bild zu setzen: »Wie kamen die anderen auf die Idee, Geld zu drucken? Ach ja, es gab eine Bankenkrise...« Manchmal ist es schade, dass Kinderfotos und -videos wegen der Persönlichkeitsrechte nicht mehr gezeigt werden dürfen. Für mich sind diese Aufnahmen gewissermaßen Porträtaufnahmen eines erwachsen werdenden Menschen, sehr ernsthafte und bewundernswerte Momente auf Augenhöhe, die ich sehr wertvoll finde.

Heike Roms: **Wie verändert Digitalisierung eure Arbeit, welche Rolle spielen zum Beispiel VR und Augmented Reality bei euch?**

Christopher Weymann: Wenn wir Kinder fragen, was sie sich wünschen, kommen sie schnell mit Games und Social Media, das kennen die meisten, denn eigentlich schauen sich alle irgendwelche YouTuber*innen an oder zocken irgendwelche Games. Die digitale Welt verspricht Partizipation: Hier können alle mitmachen, ihre eigenen Welten bauen, ihre eigenen Geschichten erzählen und kontrollieren, jetzt sofort, zuhause auf dem Handy... Auf TikTok sehen sie Menschen in ihrem Alter, die in dieser Welt Stars sind, und das verspricht, dass sie das auch werden können. Wenn man sich das genau anguckt, ist das natürlich oft eine Schein-Partizipation. Das sind vorgefertigte Avatare, Objekte und Narrative, die man im Setzkastenprinzip zusammenstellt – und die coolsten Dinge kosten extra... Eigentlich übernehmen undurchsichtige Algorithmen die Kontrolle auf Social Media und reproduzieren toxische heteronormative Ideale.

Aber ein bisschen knüpfen wir an diese Erwartungshaltung, dieses kapitalistische Versprechen von digitaler Partizipation an: Wir entwickeln digitale Tools, indem wir vorhandene Technologien hacken und neue Apps programmieren. Dabei ist Digitalität gar nicht selbst das Thema, sondern Teil eines Setups für Forschungsprozesse zu ganz anderen Fragen. Digitale Tools sind ein künstlerisches Verfahren wie Tanz, eine Lecture-Performance, eine Rede halten. Eigentlich ist das wie ein kreativer Hack, bei dem gewisse digitale Prozesse durch theatrale und haptische Mittel ersetzt werden. Die Kinder können ihre eigenen Avatare malen und ihre Objekte kneten, und unsere Apps übersetzen sie

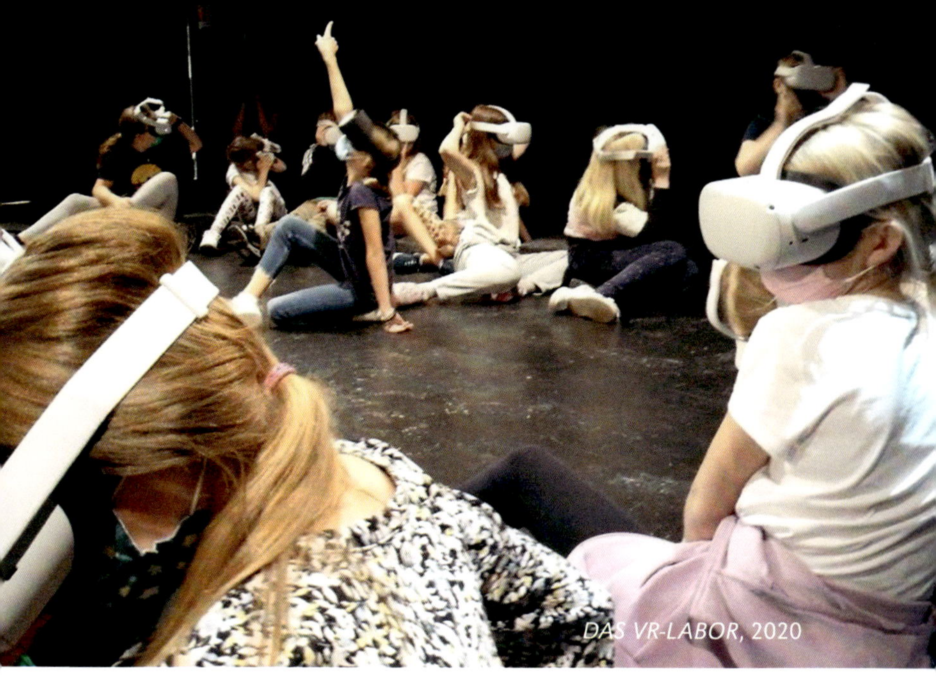
DAS VR-LABOR, 2020

ins Digitale, sie werden mit VR erlebbar, oder gehackte Staubsaugroboter können frei von gesetzten Algorithmen choreografiert werden. Wenn wir *Wunschproduktion Kindertheater* (2022) im Rahmen eines zwei- oder dreistündigen Workshops machen, dann haben die Kinder vielleicht acht Minuten lang die VR-Brillen auf und basteln eine Stunde lang mit Objekten – und könnten noch stundenlang weiterbasteln. Und plötzlich wird alles andere wieder interessanter. Plötzlich ist Theater das Beste, was es gibt, und Digitalität ist ein Teil davon.

Eigentlich ist diese Technologie zu teuer für uns, und wir müssen viele Anträge schreiben, aber sie ist wichtig. Ich persönlich bin sehr digital geprägt und deshalb schnell gelangweilt von digitalen Sachen, die ich im Theater so sehe. Deshalb investieren wir viel Zeit in Sachen, die State of the Art sind, trotz der begrenzten Mittel. Als ich Kind war, waren wir die Nerds. Niemand mochte

Nerds, aber es war nicht schlimm, weil Online Communities Safe Spaces fürs Anders-Sein sein können. So ähnlich würde ich gerne mit den Kindern da rangehen: »Wir haben jetzt die Tools, mit denen wir die Welt hacken können. Was passiert jetzt?« Das wären nächste Schritte, die ich mir wünsche. Wenn wir über unsere eigenen Wünsche reden, muss ich sagen, dass mich als jemand, dem das Diverse und Alternative in der digitalen Welt in der Kindheit so wichtig war, die aktuelle Narration, dass die digitale Welt eigentlich von alten weißen Männern kontrolliert wird, ziemlich triggert.

Heike Roms: **Wenn Kinder hier im Theater die Möglichkeit haben, etwas zu machen, was sie sonst so nicht oder nicht in dieser Form machen können oder dürfen – was passiert dann mit dieser Erfahrung, dass die Welt auch ganz anders sein könnte? Wie bringen sie das zurück in den Alltag? Was bleibt, oder was wünscht ihr euch, das bleibt?**

Hanno Krieg: Unser Publikum verstreut sich nach der Grundschule ganz häufig auf verschiedene Schulformen, und wir verlieren es aus den Augen. Aus den gemeinsamen Prozessen ergibt sich für sie hoffentlich eine Erfahrung, dass Dinge anders möglich sind, dass gesellschaftliche Rollen erprobt und durch Infragestellungen verändert werden können. Dass alles, was sie umgibt, mal erfunden worden ist und dass sich dies alles auch neu gestalten lässt.

Maike Gunsilius: **An die Frage, was vielleicht bei den Kindern von diesen Forschungsprozessen übrigbleibt, schließt sich für mich die Frage an, wie diese Forschungsprojekte mit Kindern außerhalb des Theaters wahrgenommen werden und was dort bleibt, zum Beispiel in Institutionen oder in der Politik?**

Sibylle Peters: Ich glaube, dass wir es durch stetes Tropfen auf den Stein beispielsweise in der letzten Saison endlich geschafft haben, dass die Kulturbehörde gesagt hat, okay, wenn wir das Rahmenkonzept für Kinder- und Jugendkultur neu auflegen, dann wäre es vielleicht eine Idee, auch mal Kinder zu fragen, was die davon halten. Damit wurden wir beauftragt, und jetzt gibt es das erste Manifest zur Kulturförderung, gemacht von Kindern und Jugendlichen aus acht Schulklassen hier aus Hamburg. Ich glaube, unsere Arbeit trägt dazu bei, bestimmte Formen von Partizipation ernster zu nehmen, auch wenn wir gesellschaftlich noch sehr weit hinter der UN-Kinderrechtskonvention zurückbleiben, deren Artikel 12 zusichert, dass die freie Meinung von Kindern angemessen zu berücksichtigen ist. Dies ist überhaupt nicht erfüllt, und ich hoffe, dass wir da noch stärker wirken können.

Seit ungefähr zehn Jahren gibt es die Diskussion um Nachhaltigkeit auch für künstlerisches Arbeiten. Oft wird nachhaltiges Arbeiten als kontinuierlich verstanden und gefordert: »Könntet ihr nicht jeden Donnerstag mit einer Gruppe arbeiten?« Solche Kontinuität finde ich in einem kollegialen Zusammenhang wichtig oder in unserem Netzwerk für *Forschung im Kinder- und Jugendtheater*, damit man nicht immer bei null anfängt und zumindest die Chance hat, mit Kolleg*innen ein Wissen über Projekte und Arbeitsweisen zu teilen und einen Forschungsdiskurs zu entwickeln. Aber Nachhaltigkeit im Sinne von Kontinuität in der Arbeit mit Kindern wollen wir eigentlich nicht. Wir wollen die Nachhaltigkeit des Außerordentlichen, des Unwahrscheinlichen, des besonderen Erlebnisses.

Das Gespräch fand am 17. September 2023 in Hamburg statt.

Die Reichweiten des Forschungs-theaters

Ein Gespräch zwischen Lois Keidan, ehemalige Leiterin der Live Art Development Agency (LADA), UK, und Sibylle Peters über internationale Kooperationen und internationalen Einfluss

Lois Keidan: Wir sind eingeladen, über die internationale Reichweite des Forschungstheaters zu reden. Dabei würde ich gerne über zwei Aspekte nachdenken – die allgemeine Reichweite und die Reichweite als Einfluss.

Um Kontext zu liefern, möchte ich kurz über die Live Art Development Agency und unsere Kooperationen mit dir, Sibylle, in Großbritannien sprechen. In meiner Unwissenheit habe ich Live Art immer als eine Erwachsenenwelt mit Erwachsenenthemen betrachtet. Die mir bekannten künstlerischen Praktiken, die Kinder miteinbeziehen, beinhalten meist etwas Plüschiges. Aber dann wurde ich auf neue, sehr interessante Initiativen um Live Art und Kinder herum aufmerksam, insbesondere auf die Arbeit von Mammalian Diving Reflex aus Kanada. LADA beschloss daraufhin, ein »Resource Kit« über die Beziehung von Live Art und Kindern herauszubringen, und auf die Empfehlung des Künstlers Joshua Sofaer hin haben wir dich eingeladen, dieses zu entwickeln. Und du hattest die Idee für ein höchst außergewöhnliches Konzept – *PLAYING UP*, ein Kartenspiel, das sich auf ikonische Live-Art-Performances bezieht und das Erwachsene und Kinder gemeinsam spielen können. Zur selben Zeit begann Susan Sheddan, die Koordinatorin des Kleinkind- und Familienprogrammes der Londoner Tate Modern, sich dafür zu interessieren, wie Live Art eine Strategie für ihre Arbeit sein könnte. So wurde die Tate Modern Partner für *PLAYING UP*, das als Kartenspiel-Set in einer Box erhältlich ist. Anlässlich seiner Veröffentlichung im Jahr 2016 veranstalteten wir an der Tate Modern ein Symposium und ein großangelegtes öffentliches »Play-In« von *PLAYING UP*. Wir stellten fest, dass Museen in Großbritannien und international

daran interessiert waren, »Play-Ins« als einen Weg zu nutzen, um Kinder und Familien in ihr Programm mit einzubeziehen, und auch um sich mit den »gefährlichen« Ideen von Live Art auf sichere Art auseinanderzusetzen. 2017 haben dann LADA und die Tate Modern erneut mit dem Forschungstheater zusammengearbeitet, für ein Projekt mit dem Titel *KAPUTT. Academy of Destruction*. Das Projekt brachte sechs Erwachsene und sechs Kinder zusammen, um eine Akademie zu gründen und das kreative Potenzial der Zerstörung öffentlich zu untersuchen, wieder mit Methoden der Live Art. Daraufhin wurden wir vom Manchester International Festival eingeladen, für das Festival 2019 ein großangelegtes Außenprojekt für Familien zu realisieren. In den vorhergehenden Projekten hatten wir uns für die Binarität von Kindern und Erwachsenen interessiert, aber jetzt wollten wir uns auch mit der Binarität von Menschen und Nicht-Menschen befassen. Wir haben daher *Animals of Manchester* entwickelt, eine Interspezies- und intergenerationale »Stadt«, die in und um die Whitworth Gallery in Manchester gebaut wurde. Mit dir an diesen Projekten zu arbeiten, Sibylle, hat unsere Sicht auf Live Art und unsere eigene Arbeitsweise komplett verändert.

Welche anderen internationalen Kooperationen hat es neben eurer Arbeit in Großbritannien gegeben? Welche anderen Orte habt ihr mit eurer Arbeit erreicht?

Sibylle Peters: Wir waren viel in Österreich, der Schweiz und Skandinavien. Wir arbeiten intensiv mit Live Art Denmark zusammen, die viele von unseren Projekten übernommen haben und sie immer noch international aufführen, zum Beispiel *DA GEFAHR! 50 gefährliche Dinge, die Kinder unbedingt tun sollten* (2015). Diese Zusammenarbeit hat damit begonnen, dass wir *Die Kinderbank* (2012) nach Skandinavien gebracht haben, ein Projekt, in dem wir mit Kindern eine alternative Gemein-

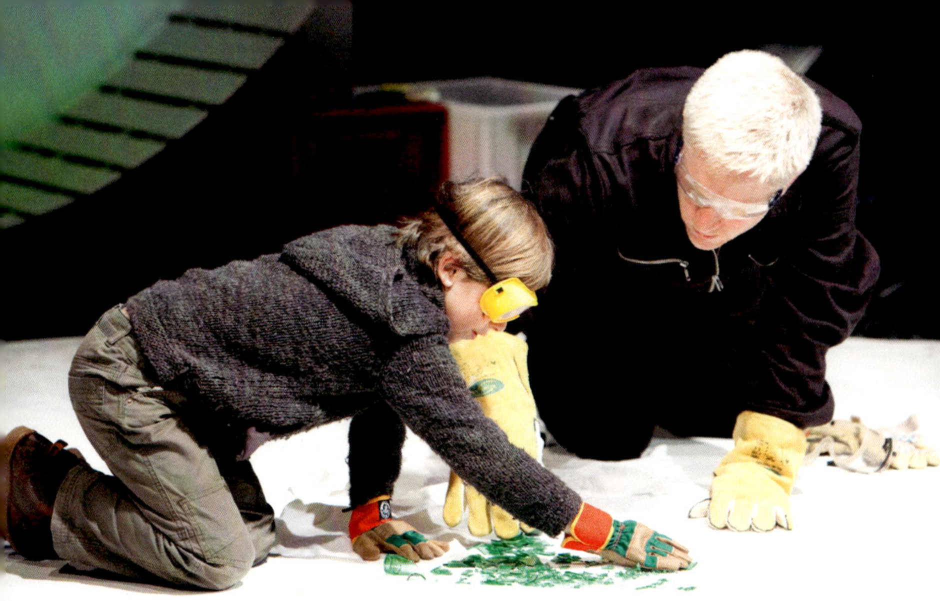

DA GEFAHR! 50 gefährliche Dinge, die Kinder unbedingt tun sollten, 2015

schaftswährung entwickeln. Wir hatten Filialen dieser Bank in Stockholm und an zwei anderen Orten in Skandinavien.

Wir haben auch mit dem Fringe Festival in Melbourne zusammengearbeitet, wo wir eine sehr spezielle Version von »Wahrheit oder Pflicht« entwickelt haben, ein Projekt, das wir in Hamburg *WOW: Wahrheit oder Wagnis* (2018) nennen. Um eine interessante Sammlung an Fragen und Mutproben zu entwickeln, haben wir in Melbourne dafür mit Schulen und Künstler*innen kooperiert. Ich persönlich bin mit *PLAYING UP* nirgendwo anders hingereist als nach Großbritannien, aber unsere Kolleginnen Frieda Dunger und Kristin Grün haben es an viele Orte gebracht, einschließlich Madrid und Kiew, und Christopher Weymann hat es in Finnland durchgeführt.

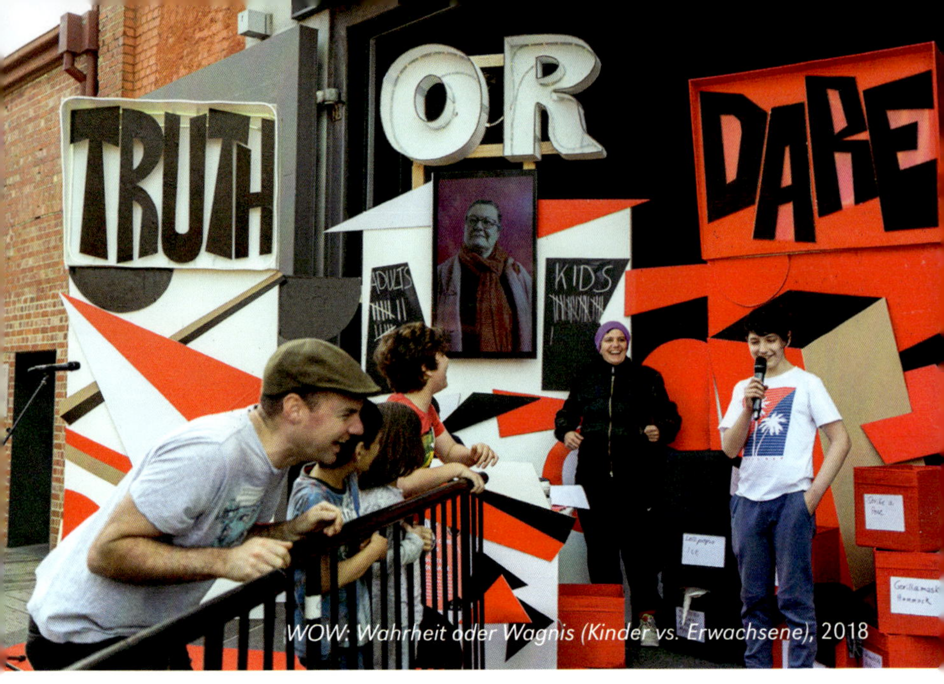

WOW: Wahrheit oder Wagnis (Kinder vs. Erwachsene), 2018

Lois Keidan: Wir haben Lizenzen für *PLAYING-UP*-»Play-Ins« vergeben und den Organisationen Instruktionen und manchmal auch die Materialien zur Verfügung gestellt, um diese selbst durchzuführen. Als Folge davon hat *PLAYING UP* an allen möglichen Orten in der Welt stattgefunden. Und wir haben es auch in einige andere Sprachen übersetzt.

Sibylle Peters: Vor Kurzem wurde *PLAYING UP* in einem Camp für Geflüchtete der Erdbebenkrise in Kurdistan gespielt. Wir haben die Lizenz gespendet. Letztes Jahr waren wir Teil des Programms für die Kulturhauptstadt Europas, Novi Sad, und wir haben eine große Versammlung mit jungen Menschen entwickelt, die die Tradition von Jugend-Versammlungen in sozialistischen Ländern re- oder dekonstruieren sollte. Wir haben versucht, den Top-Down-Ansatz dieser Tradition umzudrehen in ein Bottom-Up-Vorgehen. Ich bin auch viel mit Lecture Performances über unsere Arbeit durch Europa gereist, an Universitäten, auch ermöglicht durch Creative Europe und andere Netzwerke. Also, das Wissen um unsere Arbeit ist weit gereist.

Lois Keidan: **Dies hängt mit der zweiten Betrachtungsweise von Reichweite zusammen, nämlich dem internationalen Einfluss, den eure Arbeit hat. Ich interessiere mich vor allem für den Einfluss eurer Methoden. Bei LADA haben wir mit dir auf verschiedene Weisen so gearbeitet, dass diese Methoden über Veröffentlichungen dokumentiert und geteilt werden konnten. Im Jahr 2017 haben wir dich damit beauftragt, einen von uns sogenannten »Study-Room Guide« zu den Materialien in LADAs wissenschaftlicher Bibliothek, dem »Study Room«, über das Thema Live Art und Kinder zu schreiben und auch einen »Toolkit« von Methoden zusammenzustellen. Könntest du etwas mehr über diese Art zu arbeiten sagen?**

Sibylle Peters: Ich habe zwei Veröffentlichungen mit LADA gemacht, die frei im Internet erhältlich sind: eine, in der es eher generell um Live Art und Kinder geht, und eine spezifisch über performative Forschung mit Kindern. Weltweit haben Menschen diese Publikationen für ihre Arbeit mit Kindern verwendet. In unserer Arbeit geht es oft darum, einen Wunsch wahr werden zu lassen: »Ich möchte mit Tieren befreundet sein«, »Ich möchte ein Pirat sein« oder »Ich möchte reich sein« oder »Ich möchte mit einem Geist reden«... Wünsche wie diese sind oft unser Ausgangspunkt. Dieser Prozess ist in einer der Publikationen beschrieben. Als eine Antwort, zum Beispiel, habe ich eine Einladung nach Palästina bekommen, die Wunschproduktion für ein Projekt zu nutzen, in dem Menschen einen kleinen Berg als Gemeinschaftsprojekt entwickeln wollten. Das war wunderbar, ist aber traurigerweise nicht realisiert worden, weil COVID-19 kam. Mit LADA zu arbeiten, hat es uns ermöglicht, weltweit Menschen zu erreichen, die wir selber nie erreicht hätten.

Bevor ich Künstlerin wurde, war ich Wissenschaftlerin. Es hat ungefähr sechs Jahre Forschungstheaterarbeit gebraucht, bevor ich mich selbst das erste Mal als Künstlerin bezeichnet habe. Das war schwer für mich, weil ich das nie gelernt hatte. Ich bin ausgebildete Wissenschaftlerin, und als Wissenschaftlerin musst du sehr transparent sein in Bezug auf die Methoden, die du anwendest, und du musst deine Ergebnisse veröffentlichen, sonst ist das keine seriöse Forschung. Also hatte ich immer einen starken Drang, alles aufzuschreiben auf eine Art, die es anderen Leuten erlaubt, Dinge selbst auszuprobieren. Für jedes Projekt haben wir Broschüren produziert und Aufsätze geschrieben und haben so die Arbeit auch in das akademische Feld eingebracht.

Eine der interessantesten Sachen, die ich in dieser Hinsicht jemals gemacht habe, war, dass ich von einer Zeitschrift über Organisationsmanagement gefragt wurde, über unsere Forschung zum Thema Spuk an Schulen zu schreiben. Für *Die Spukversicherung* (2013) sind wir an Schulen gegangen, um zu sehen, ob es dort spukt, und wenn ja, dann haben wir die Kinder als Geistersucher*innen ausgebildet. Das war echte Forschung für uns. Durch die Schulgeister haben wir viel darüber gelernt, wie das Schulleben jeweils funktioniert und wie man es verbessern könnte. Ich war eingeladen, einen Aufsatz für diese Zeitschrift zu schreiben, und das war sehr besonders für mich, weil hier von überraschender Seite anerkannt wurde, dass wir mit dieser Arbeit Wissen produzieren.

Lois Keidan: **Was bringst du von deinen internationalen Kooperationen mit zurück nach Hause? Wie beeinflussen diese Partnerschaften deine Arbeitsweise?**

Sibylle Peters: Ich würde gerne betonen, dass nicht nur wir andere beeinflussen, sondern auch wir lernen durch unsere internationalen Kooperationen. Gemeinsam mit der Künstler*innen-Gruppe geheimagentur haben wir zum Beispiel die Banco Palmas aus Fortaleza, Brasilien, nach Deutschland eingeladen, eine der erfolgreichsten alternativen Banken weltweit. Sie haben uns beigebracht, wie man eine alternative Währung entwickelt, sodass wir 2012 *Die Kinderbank* in Hamburg durchführen konnten. Und wir haben eine Konversation mit somalischen Piraten geführt, die auf Fragen von Hamburger Kindern an echte Piraten basierte, die wir auf Video aufgezeichnet hatten. Es war schwierig, die Piraten zu finden, aber schließlich konnten wir sie in einem Hotelzimmer im somalischen Teil Nairobis treffen. Dies war, denke ich, einer der wichtigsten Momente unserer ganzen Reise der letzten zwanzig Jahre.

Wir arbeiten selbstverständlich auch in Hamburg mit vielen Menschen aus anderen Ländern, die zu uns kommen und ihr Wissen mitbringen. Gerade arbeiten wir für ein Projekt über Sand mit einer Künstlerin aus Tansania, die viele andere Sichtweisen auf Sand mitbringt. Zusammen mit Menschen aus Westafrika entstand ein Projekt über Zucker. Es ist für uns sehr wichtig, nicht nur unsere Perspektive auf die Welt zu zeigen, sondern auch von den Sichtweisen anderer zu lernen.

Lois Keidan: Ich habe den Eindruck, dass in Deutschland die Einstellung gegenüber Kindern und Kindheit eine andere ist als zum Beispiel in Großbritannien. Du hast erlebt, wie restriktiv viele Maßnahmen sind, die die Arbeit mit Kindern in Großbritannien regulieren. Bestimmte Konzepte und sogar Wörter darf man nicht verwenden. Welchen Einfluss haben diese Unterschiede auf die Arbeit mit Kindern an verschiedenen Orten, und was bedeuten sie für deine Arbeit?

Sibylle Peters: Deine Perspektive auf die Einstellungen in Deutschland gegenüber Kindern mag ein wenig idealisiert sein. Großbritannien ist uns manchmal einfach ein paar Jahre voraus. Die Restriktionen und Regularien, die ich zuerst in London beobachtet habe, sehe ich jetzt auch in das deutsche System sickern. Aber es gibt einige Unterschiede. Schulen im Vereinigten Königreich sind tagsüber abgesperrt, richtig? In Deutschland ist es auch nicht erlaubt, das Schulgelände zu verlassen, aber sie sperren die Türen nicht ab. Doch in Großbritannien wirst du tatsächlich in die Schule eingesperrt, und so fühlt es sich auch an. Ich habe in Schulversammlungen Formen des öffentlichen Bloßstellens gesehen, wo Kinder dort stehen müssen, um sich sagen zu lassen, wie schlimm sie sind. Hier in Deutschland kooperieren wir nicht mit den Schulen an sich, sondern wir arbeiten mit den Kindern beziehungsweise mit den Lehrer*innen an Schulen. Wir gehen eine Art Allianz mit ihnen ein, in der wir anerkennen, dass es diese Regularien und die Bedürfnisse der Institution gibt, aber dass Kinder und Lehrer*innen auch Bedürfnisse haben, und gemeinsam navigieren wir um all das herum, um zu erreichen, was wir erreichen wollen. Das ist unser Modus Operandi.

Sehr wichtig für alle Projekte, egal wo sie stattfinden, ist unser spezifischer Ausgangspunkt, denn, wie ich gerade schon ausgeführt habe, habe ich als Forscherin angefangen und nicht als Pädagogin. Die meisten Leute, die im Bereich der Kinderkultur oder Kinderbildung arbeiten, haben einen pädagogischen Hintergrund. Der Fokus der Pädagogik liegt immer darauf, etwas für die Kinder zu tun. Das Hauptziel ist, dass die Kinder sich auf eine bestimmte Art entwickeln oder all die Sachen lernen, die wir für sie wollen. Für mich als Forscherin dagegen sind Kinder vor allem Menschen, die ideale Co-Forscher*innen sein können. So habe ich angefangen. Ich habe eine Doktorarbeit über

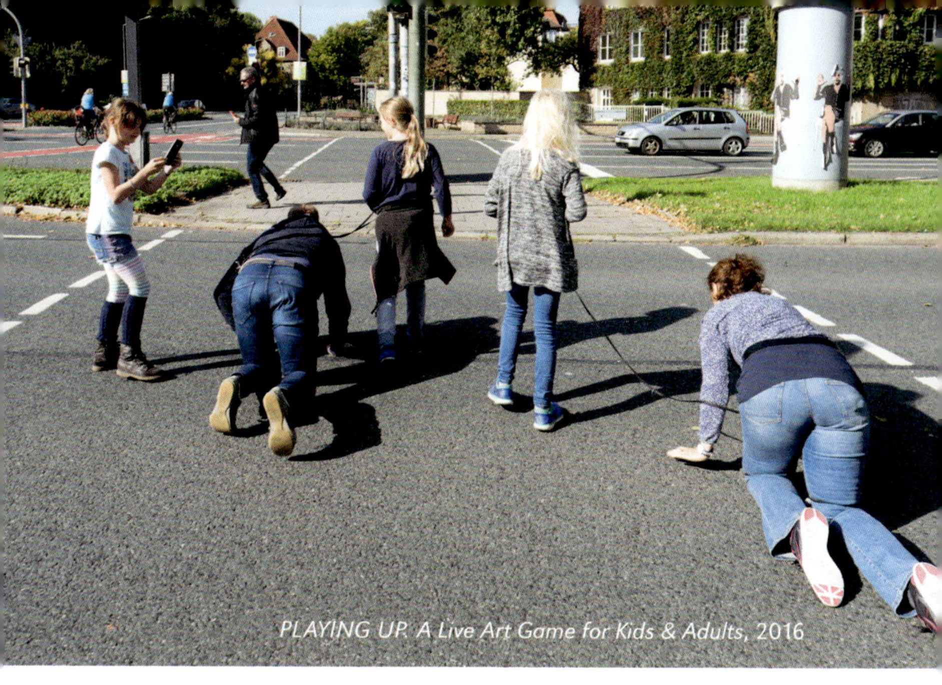
PLAYING UP. A Live Art Game for Kids & Adults, 2016

Zeit und Medien geschrieben und darüber, wie Zeit ein soziales Konstrukt ist. Und ich war frustriert über die Einsamkeit dieser Art der Forschung. Weil ich Menschen finden wollte, mit denen ich gemeinsam die Zeit erforschen konnte, habe ich mich gefragt: Wo lernen wir etwas über Zeit? – In der Grundschule. Und ich fand es sehr aufschlussreich, mit Kindern aus der zweiten Klasse über Zeit zu sprechen, weil sie gerade gelernt hatten, dass Zeit in der Schule eine andere Rolle spielt als im Kindergarten. Und auf diese Weise haben wir gemeinsam etwas über Zeit erforscht. Es ist diese Art struktureller Gleichheit im Forschen, die unsere Arbeit ein kleines bisschen vor dem Bereich des pädagogischen Diskurses schützt, der bestimmte Beziehungen zwischen Erwachsenen und Kindern schafft, denen wir uns nicht unterordnen müssen.

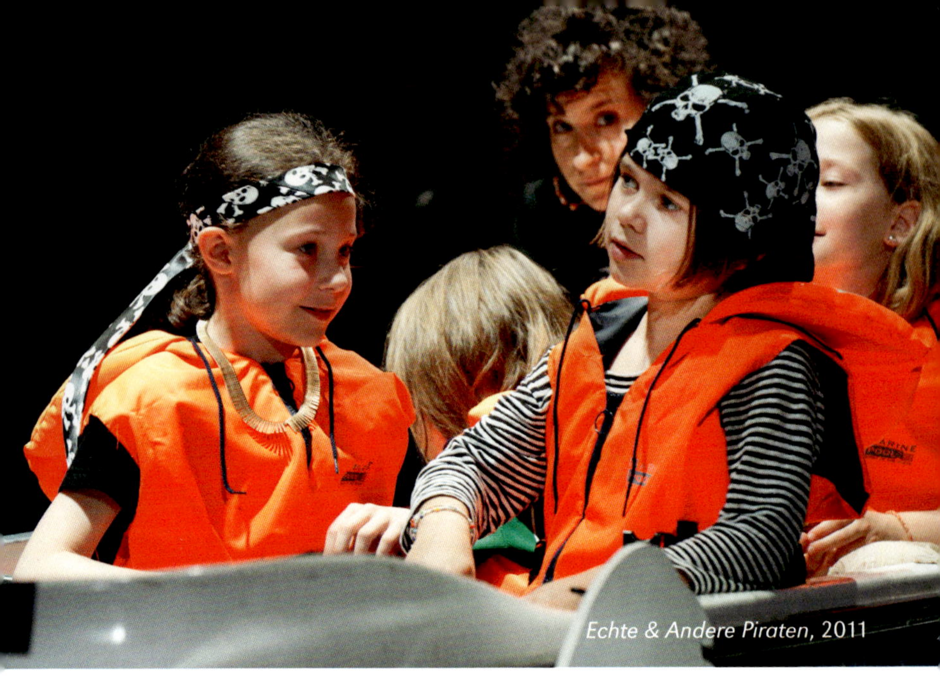

Echte & Andere Piraten, 2011

Lois Keidan: Ich würde gerne über Live Art als Denk- und Arbeitsweise sprechen. *PLAYING UP* nähert sich der Art und Weise, wie Kinder die Welt erkunden, als eine Form von Live Art. Ein anderes Projekt, das du mit LADA gemacht hast, war *My Very First Piece of Live Art* im Jahr 2016, das Leute dazu eingeladen hat, über eine Erfahrung aus der Kindheit zu sprechen, die sie heute als Live Art beschreiben oder erklären könnten. Deine Arbeit mit Kindern hat grundlegend beeinflusst, wie ich über die Möglichkeiten und Potenziale von Live Art nachdenke. Welche Rolle spielt Live Art für dich in deiner Tätigkeit mit Kindern?

Sibylle Peters: Das ist eine große Frage. Bevor ich mit dem Forschungstheater angefangen habe, war ich schon am FUNDUS THEATER. Und ich habe das Forschungstheater als etwas begonnen, das sich von den anderen Arbeiten des FUNDUS

THEATERs, die ich geliebt habe, unterscheidet. Live Art zu entdecken, über Live Art zu lernen, war etwas, das ich in diese Arbeit einbringen wollte. Das war ein Tool oder eine Methode, die es am FUNDUS THEATER noch nicht gab. Unser erstes Projekt 2003, *Schuluhr & Zeitmaschine*, war mehr eine Performance als eine Theaterarbeit. Was ich zunehmend über Live Art oder Performancekunst, wie wir sie hier nennen, herausgefunden habe, war, dass es dabei viel um Rahmung geht. Viele Dinge, die wir zum Beispiel im öffentlichen Raum beobachten, könnten als Live Art gerahmt werden, und dann würden wir sie anders betrachten. Wenn du Live Art so siehst, dann sind viele Kinder Live-Art-Künstler*innen. Dieses Reinzoomen auf irgendetwas, dass jede Aktion genau jetzt wirklich wichtig ist – das ist etwas, das du auch im Kontakt mit Kindern erfährst. Genau darauf bauen wir in unserer Arbeit auf.

Lois Keidan: **Vor Kurzem hast du das Buch *Verändert die Welt!* veröffentlicht, welches wieder einige eurer Projekte und Methoden kartiert in der Hoffnung, dass sie andere Leute in ihrer Arbeit beeinflussen könnten. Es wird bald auf Englisch in den USA veröffentlicht, wo es zurzeit so scheint, als ob sich die Kulturkämpfe auf die Spielplätze und Schulen verlagert haben. Hast du einen Wunsch oder eine Hoffnung dahingehend, welchen Einfluss eure Arbeit in den USA haben könnte?**

Sibylle Peters: Unsere Arbeit war in den USA bisher meines Wissens nach nicht präsent. *Verändert die Welt!* ist ein Forschungsbuch für Kinder und Erwachsene, das nochmal erklärt, wie wir einige unsere Projekte gemacht haben, das Piraten-Projekt, *Die Kinderbank* und so weiter. Es stellt eine Art Rezept für diese Projekte bereit. Bei manchen dieser Projekte geht es tatsächlich um »Community Building«, wie bei *Die Kinderbank*. Und ich glaube, das ist es, was der amerikanische Verlag an dem Buch interessant findet. Wir nennen es Forschung, aber manches davon beinhaltet den Beginn einer winzig kleinen Revolution. Und dann schauen wir uns an, was in diesem kleinen revolutionären Modell passiert ist, warum es funktioniert hat beziehungsweise warum es nicht funktioniert hat, was vermieden werden sollte und so weiter, und dann schreiben wir das auf. Ich weiß nicht, ob ich die Gesellschaft in den USA und die dortigen Probleme beurteilen kann. Aber ich weiß, dass sie dort keine Budgets haben für Projekte in der Größenordnung, wie wir sie durchführen. Vielleicht können wir also mit diesem Buch den Leuten die Möglichkeit geben, unsere Arbeit auf eine andere Art und Weise zu erfahren.

Lois Keidan: **2021 hast du eine weitere Ausgabe von *PLAYING UP* entwickelt, *PLAYING UP Gender*. Gegenwärtige Einstellungen gegenüber Sexualität und Gender sind besonders in den USA ein äußerst wichtiges Thema.**

Sibylle Peters: Die meisten der *PLAYING-UP-Gender*-Instruktionen sind jetzt wahrscheinlich in bestimmten US-Staaten offiziell illegal. Aber auch all die Arbeiten, die wir über die Kluft zwischen Arm und Reich gemacht haben, werden dort, und eigentlich überall, sehr gebraucht. Wir haben ein Projekt mit dem Titel *Klassentausch* (2014) gemacht, das ein Klassentausch im doppelten Sinne war, da zwei Schulklassen aus zwei unterschiedlichen Teilen der Stadt, einem armen und einem reichen, beteiligt waren. Sie haben füreinander Reiseführer für ihre Viertel und Schulen geschrieben, und dann haben sie für einen Tag ihren Alltag getauscht. Das erste Mal zusammengekommen sind sie im Theater, wo sie zuerst auf zwei unterschiedlichen Seiten eines roten Vorhanges saßen, der dann feierlich geöffnet wurde.

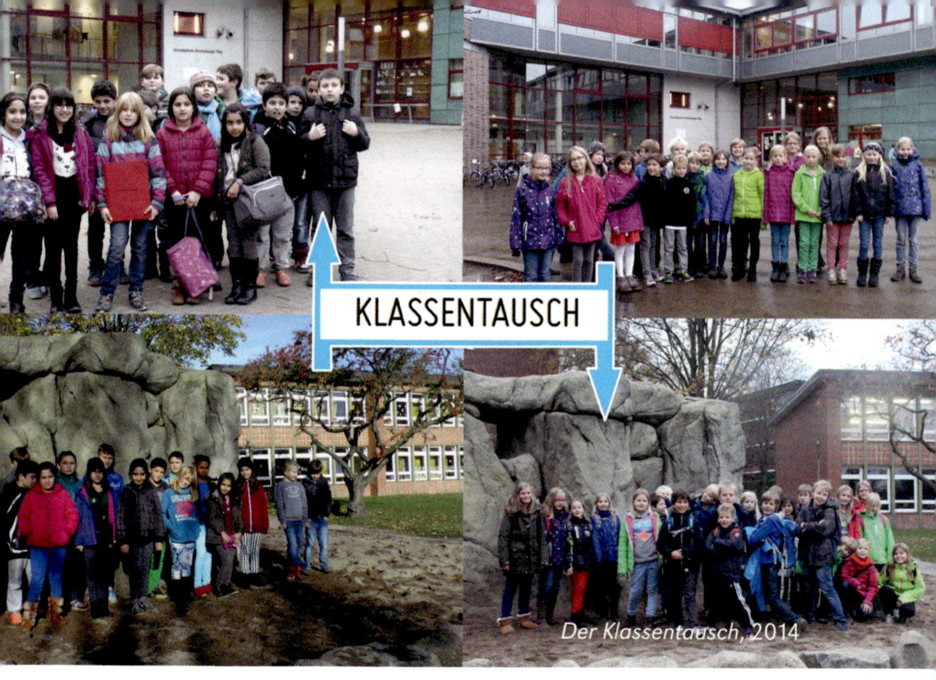

Der Klassentausch, 2014

Und dann haben sie einander von ihren Erfahrungen in ihren unterschiedlichen Nachbarschaften erzählt. Ich habe zuerst befürchtet, dass die Ergebnisse sehr düster werden könnten. Aber das ist nicht passiert, vor allem, weil die reichen Kinder das arme Viertel viel interessanter als ihr eigenes Umfeld fanden. Ich bin nicht sicher, wie das in Detroit oder New York funktionieren würde, aber es wäre toll, das herauszufinden.

Übersetzung: Esther Pilkington und Daniel Ladnar
Das Gespräch fand am 17. September 2023 in Hamburg in englischer Sprache statt.

BODY & PERCEPTION

PLAYING UP

A LIVE ART GAME FOR KIDS AND ADULTS

A LIVE ART GAME FOR KIDS AND ADULTS

BODY & PERCEPTION

BODY & PERCEPTION

BODY & PERCEPTION

CURIOUS
ON THE SCENT (2004)

BODY & PERCEPTION

What's your favourite smell? Smell is a special way to perceive the world. You can't upload it anywhere; it is only in the here and now. And still, or maybe precisely because of that, it is a strong trigger for our feelings. Live Art has often been a space for sharing personal stories, things you might otherwise only tell to a close friend. In this way, Live Art questions the line between what is private and what is public. The performance *On the Scent* took place in a private home with three performers and an audience of only four people at a time. In this intimate atmosphere the performers shared scents and memories from the kitchen, the bedroom and the living room.

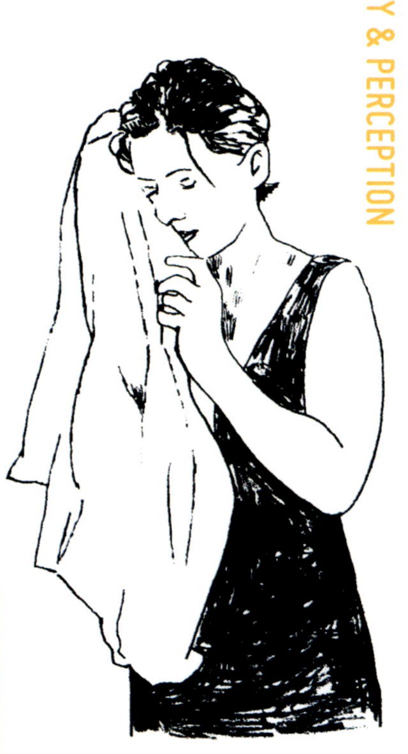

Instruction: Find something that smells in a distinct way. Hide it from the team. Now blindfold one member of the team and let him or her smell one of the items found. What is it and where is it from? What does it remind you of? Now take turns!

Note: Would you like to invite four strangers to your home to give them a tour of scents and talk about the personal memories attached to them? Or do you think that should better stay private?

Diese und folgende Doppelseiten: Spielmaterialien zu *PLAYING UP/ PLAYING UP GENDER*

PLAYING UP

A LIVE ART GAME FOR KIDS AND ADULTS

A LIVE ART GAME FOR KIDS AND ADULTS

OUT & ABOUT

OUT & ABOUT

OUT & ABOUT

OUT & ABOUT

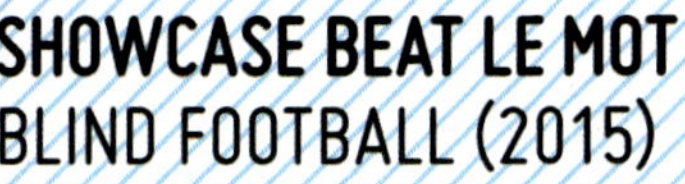

SHOWCASE BEAT LE MOT
BLIND FOOTBALL (2015)

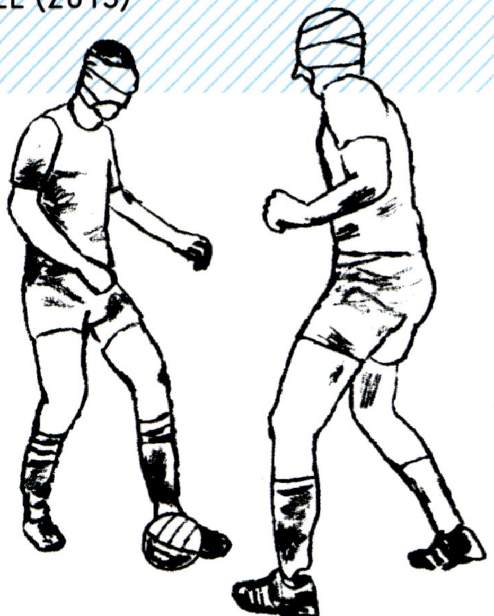

Do you usually like sports much better than the arts? The same was true for the members of the Live Art collective Showcase Beat le Mot, when they started to work together in the 1990s. Fortunately, Showcase Beat le Mot found that sports and Live Art are quite similar: they are both about performance and have to do with bodies, rules and time. Football just may not look like Live Art, because it's so familiar to us. So Showcase Beat le Mot played blind football instead. In blind football all the players are blind or blindfolded and the ball rattles. Blind football is difficult to play and fun to watch. In 2015 Showcase Beat le Mot performed their version of blind football with children as part of a Live Art for kids programme in Denmark.

Instruction: Invent your own Live Art form of sport! Collect all the sports equipment you have, take it outside to the garden or the park and look for unusual ways to use and combine it. Find a name for your new Live Art sport!

Note: In fact people, who end up doing Live Art, haven't always been particularly interested in the arts in the first place. Live Art just proves to be a good way to do what you most like to do and call it Live Art. What is it that you most like to do?

MEMORIES & COLLECTIONS

MEMORIES & COLLECTIONS

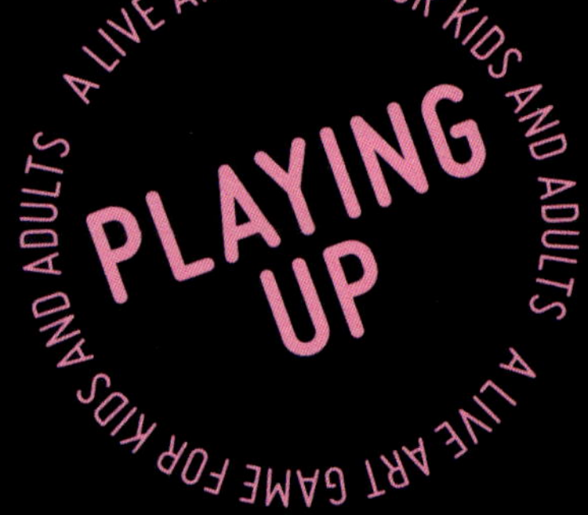

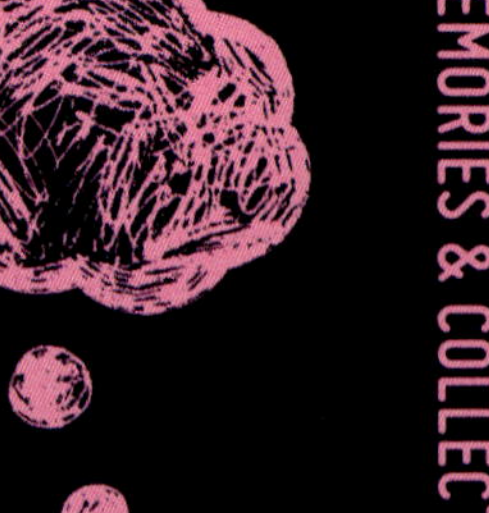

MEMORIES & COLLECTIONS

MEMORIES & COLLECTIONS

THEATRE OF RESEARCH / GEHEIMAGENTUR
THE SEARCH FOR MIRACLES (2005)

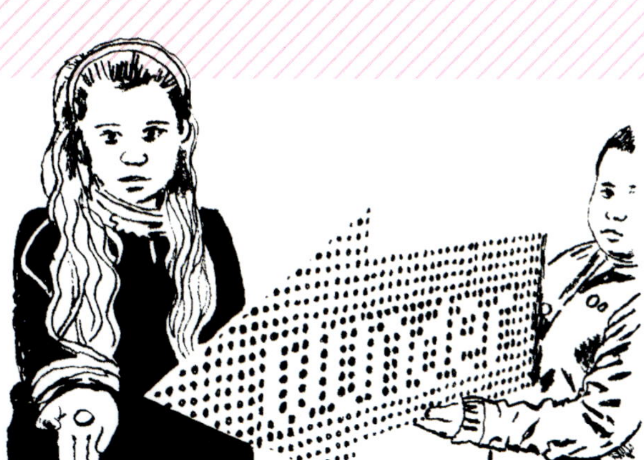

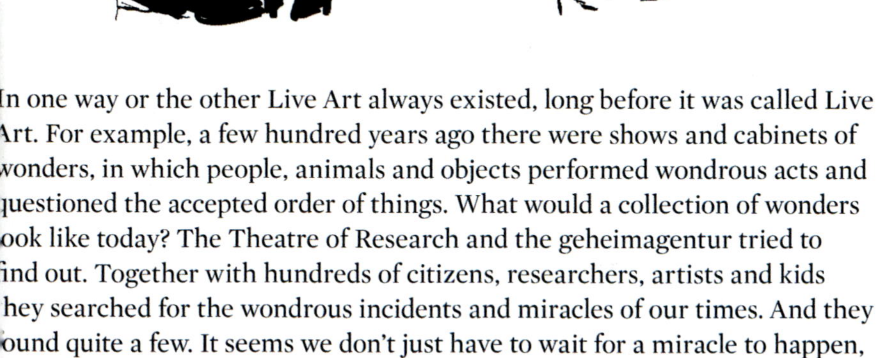

In one way or the other Live Art always existed, long before it was called Live Art. For example, a few hundred years ago there were shows and cabinets of wonders, in which people, animals and objects performed wondrous acts and questioned the accepted order of things. What would a collection of wonders look like today? The Theatre of Research and the geheimagentur tried to find out. Together with hundreds of citizens, researchers, artists and kids they searched for the wondrous incidents and miracles of our times. And they found quite a few. It seems we don't just have to wait for a miracle to happen, we can go and look for it.

Instruction: 1) Take ten minutes to look for the most wondrous item you can find. Present the items in your own little cabinet of wonders. 2) Together in couples of kids and adults, ask passers-by, neighbours or friends if they have ever experienced a miracle. Record the answers if possible / if you like.

Note: To search for miracles and wonders doesn't necessarily mean that you have to prove that something actually counts as a miracle. Miracles and wonders, it seems, often have their own kind of truth.

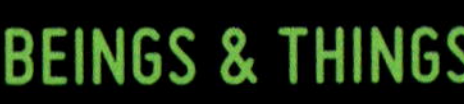
BEINGS & THINGS

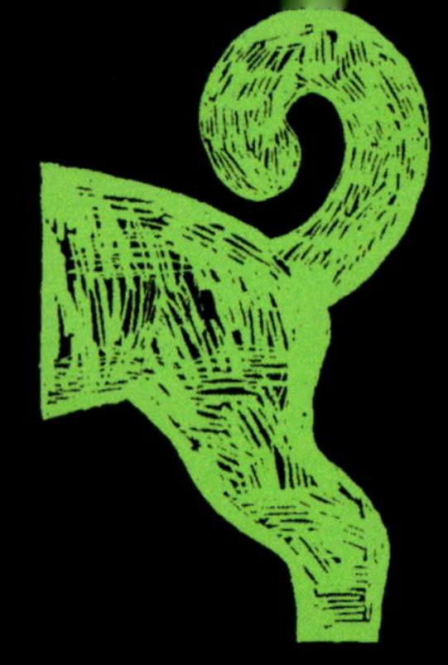

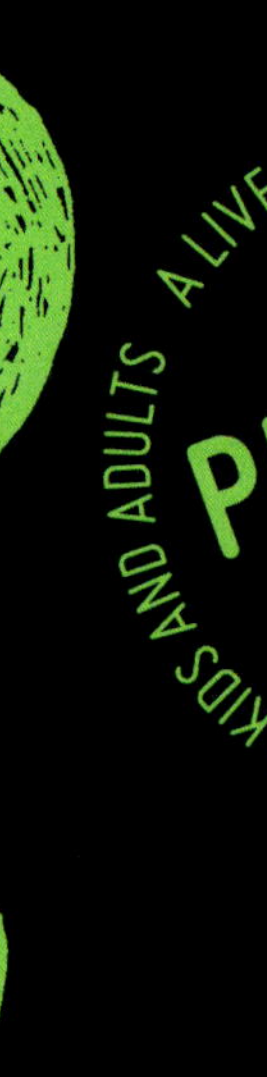

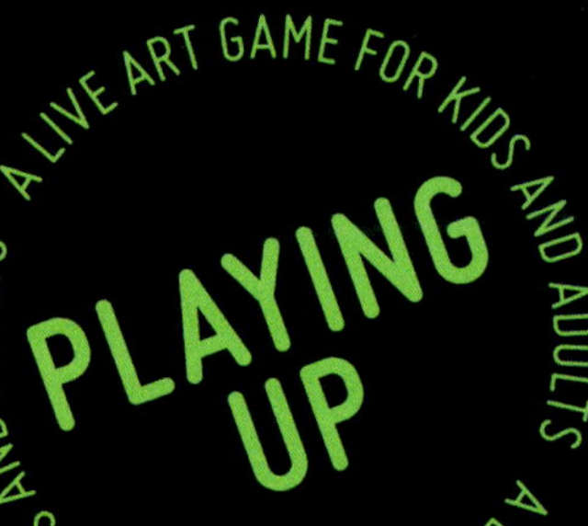
A LIVE ART GAME FOR KIDS AND ADULTS
PLAYING UP
A LIVE ART GAME FOR KIDS AND ADULTS
BEINGS & THINGS
BEINGS & THINGS
BEINGS & THINGS

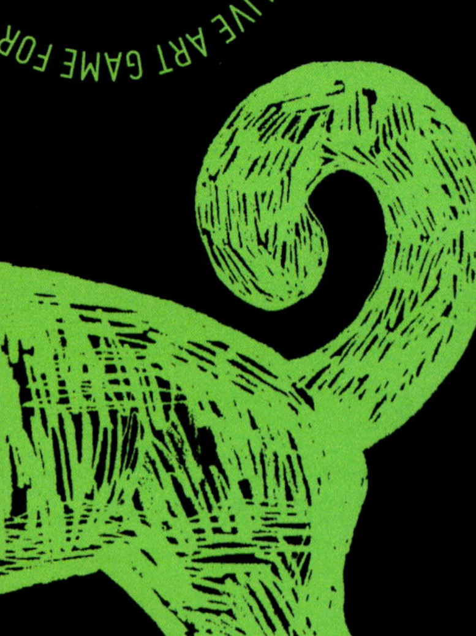

LONE TWIN
BEASTIE (2010)

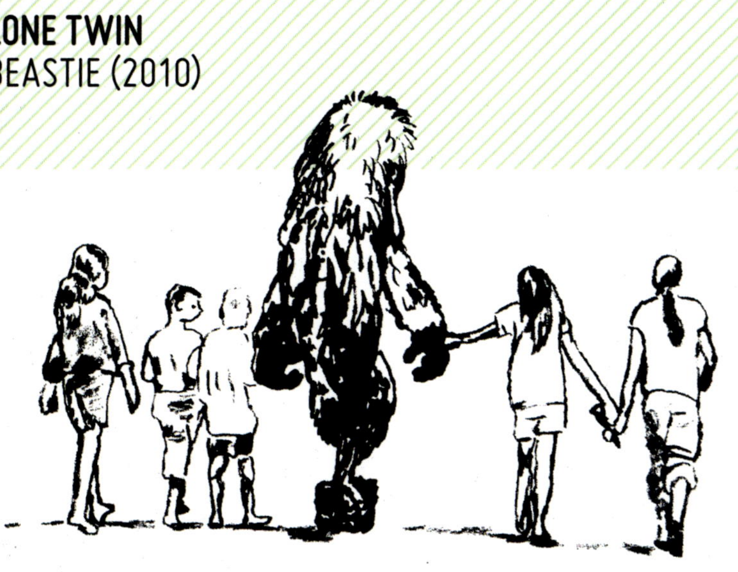

Would you like to meet a being from a fairytale on a rainy Tuesday morning on the bus? Do you wish you could blur the lines between fiction and reality yourself? That's one of the best things about Live Art – it can happen right in the middle of that rainy Tuesday morning on the bus. And with a little luck, it can open a window from this world to the next, just like that wardrobe in Narnia. For example in *Beastie*, a piece by the artist collective Lone Twin, Beastie is something in between animal and human, maybe like a huge human bird or elk. It has very long hair, so it's difficult to say. It doesn't show up in the middle of things, but rather it stays on the margins and in quite ordinary situations. It is mostly quiet and maybe a little scared, and then it disappears again. People started observing Beastie and tried to make sense of the way it behaves, but research is still in its infancy.

Instruction: Create a strange being by making a costume for one member of your team. Now ride the bus or go to the supermarket. Try not to show that you all know about the strange being already. Behave like normal. Observe the situation that is created.

Note: No volunteers to embody the strange being? Really? Come on, adults! Well, you might as well draw a lot.

DARE & DANGER

DARE & DANGER

A LIVE ART GAME FOR KIDS AND ADULTS

PLAYING UP

A LIVE ART GAME FOR KIDS AND ADULTS

DARE & DANGER

DARE & DANGER

MAD FOR REAL
SOYA SAUCE AND KETCHUP FIGHT (1999)

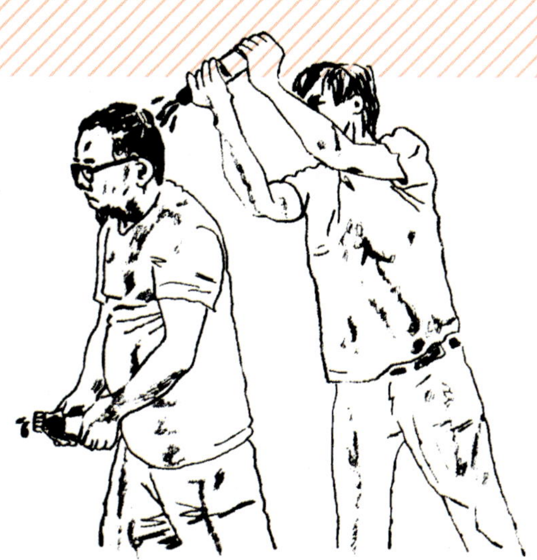

Have you heard rumours about something called Action Painting, where artists mess around with colours in a way you would never be allowed to do? These rumours are true. Action Painting became famous through the work of Jackson Pollock in the 1950s. His paintings don't depict anything but are traces and leftovers of the action of painting itself: the action of painting was the artwork, the painting became the document. In 1999 the artists Cai Yuan and Jian Jun Xi who call themselves Mad for Real decided that it was not necessary to call it Action painting anymore and that you don't even have to use colours. They called their piece *Soya Sauce and Ketchup Fight*. It got so wild and became so popular, that they have performed it all around the world ever since.

Instruction: Go to the kitchen and choose your weapons. One bottle each. Maybe you have to stock up in the next shop? Put old clothes on and make yourself coats out of big bin bags. Bathing caps are also a good idea. Find a place outside that will not suffer from sauce flying around. Agree on the playing field. Start fighting and don't leave the field until the last bottle is empty.

Note: You might want to take a picture before and after the fight.

GENDER

GENDER

A LIVE ART GAME FOR KIDS AND ADULTS

PLAYING UP

A LIVE ART GAME FOR KIDS AND ADULTS

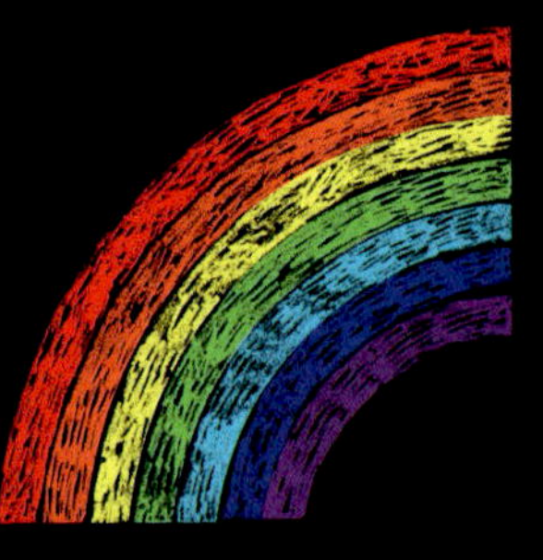

GENDER

GENDER

CASSILS
CUTS (LOS ANGELES, 2011–2013)

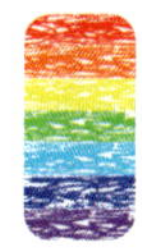

Viele Menschen stört es, wie sich ihr Körper im Laufe des Lebens verändern. Wir alle haben Bilder davon im Kopf, wie der Körper eines Jungen, eines Mädchens, eines Mannes oder einer Frau aussehen sollten. Nur dass wir leider nicht so aussehen. Deshalb kaufen sich Leute alle möglichen Cremes und Trainingseinheiten, und das könnte genau der Grund sein, weshalb uns die Medien dieses schlechte Gefühl geben. Für die unter uns, die Trans sind, die also weder Jungen noch Mädchen sind, weder Frauen noch Männer, kann das besonders hart sein. EineR davon ist dier Künstler*in Cassils. Sier hat für ihre Performance *Cuts* 45 Tage lang Body-Building gemacht. Und ja, die Veränderung sieht ziemlich toll aus. Wenn wir schon die Macht haben, unsere Körper zu verändern, warum dann immer alle gleich? Einige Jungs hätten zum Beispiel gerne Brüste, und einige Mädchen hätten gerne einen Bizeps groß wie eine Wassermelone. Manche haben sogar schon welche.

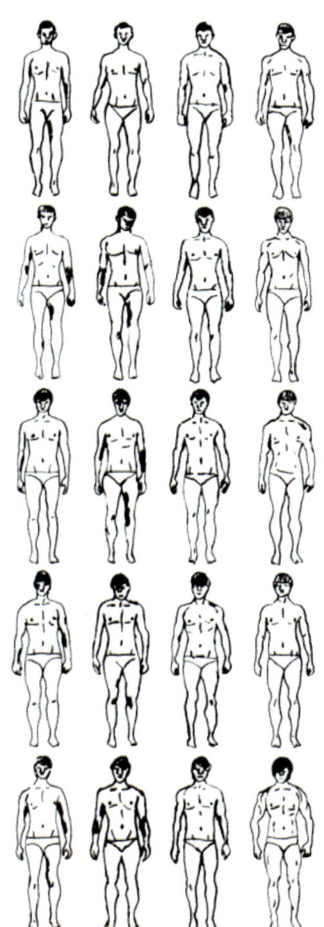

Notiz: In der Performancekunst arbeiten viele Künstlerinnen* mit ihren Körpern als Material. Oft geht es dabei um den Druck, eine bestimmte Art von Körper zu haben. Cassils‘ Performance *Cuts* geht zurück auf die *Performance Carvings. A traditional sculpture*, die von Eleanor Antin 1972 gemacht wurde. Für diese Performance ging Antin 45 Tage auf Diät und fotografierte, wie sich ihr Körper dabei veränderte.

Anweisung: Zum Glück musst Du nicht auf Diät gehen oder wochenlang trainieren, um andere Körperformen auszuprobieren. Stattdessen nimmst Du Dir ein paar billige Nylonstrumpfhosen und schneidest sie in vier Teile. Diese Strumpfteile kannst Du nun über Arme, Beine oder andere Körperteile ziehen und dann mit Stoff oder Klopapiere ausstopfen. So kannst Du Muskeln und Brüste und große Bäuche und Ärsche bauen. Oder auch ganz neue, unbekannte Körperformen. Wie wäre es mit einem Gruppenfoto?

Was kann man im Theater für den Alltag lernen?

FUNDUS THEATER | Forschungstheater-Theaterberater*innen Eleni, Gloria, Mariam, Rita und Safa im Gespräch mit Maike Gunsilius und Heike Roms

Maike Gunsilius und Heike Roms: Ihr seid zusammen mit einigen anderen die Theaterberater*innen. Warum wolltet ihr gerne Theaterberater*innen werden? Und was genau ist eure Aufgabe?

Gloria: Ich wollte es ausprobieren und mir gefällt's sehr.

Safa: Wir sehen uns Theaterstücke an und sagen dann, was die alles gut gemacht haben oder nicht, oder was sie verbessern sollten oder könnten.

Heike Roms: Was gefällt euch besonders? Was macht das Forschungstheater eurer Meinung nach gut?

Mariam: Nach dem ersten Jahr haben wir ein Zeugnis für das Theater gemacht. Wir haben Sachen bewertet, es gab Fächer, so wie in der Schule. Wenn uns was gefehlt hat, dann haben wir eine schlechte Note gegeben.

Maike Gunsilius: Und welche Fächer waren das?

Mariam: Kreativität, Essen, SWAG ... Hier ist das Zeugnis ...

Heike Roms: ... »Essen 1«, das ist spitze. Die schlechteste Note ist für »Inspiration für unseren Alltag«, da gab's eine 5, warum?

Mariam: Bei den Noten waren alle Theaterberater*innen beteiligt, auch die, die heute nicht hier sind. Einige meinten, dass sie das, was wir hier lernen, nicht so wirklich in unserem Alltag wiederfinden oder dass sich das in unserem Alltag nicht immer widerspiegelt.

Heike Roms: **Geht euch das allen so? Ist das, was man hier im Theater machen kann, außerhalb des Theaters schwierig umzusetzen? Ich kann mir vorstellen, dass es gar nicht so einfach ist, Dinge, die im Theater stattfinden und möglich sind, im eigenen Leben wiederzufinden …**

Rita: Aber das ist auch toll, weil man hier halt Sachen machen kann, die man sonst nicht machen kann. Zum Beispiel Trockeneis anfassen …

Heike Roms: **Wie ist es, wenn ihr mit der Schulklasse das Forschungstheater besucht – erwarten eure Klassenkamerad*innen dann, dass ihr ihnen einen Einblick gebt?**

Eleni: Eigentlich nicht, es geht eher darum, dass wir sagen können, wie wir zum Beispiel etwas machen würden, jetzt nicht in allen Details, aber was wir uns wünschen.

Maike Gunsilius: **Als Berater*innen könnt ihr auch konkrete Projekte für das Programm vorschlagen. Welche waren das zum Beispiel?**

Mariam: Also die Theaterberater*innen aus der ersten Runde haben *Der Schönfühlsalon* vorgeschlagen. Und das Projekt *FC Fundus*, das gerade entsteht. Es gab auch noch andere Vorschläge, die nicht ermöglicht wurden, weil die keinen so richtigen Sinn hatten.

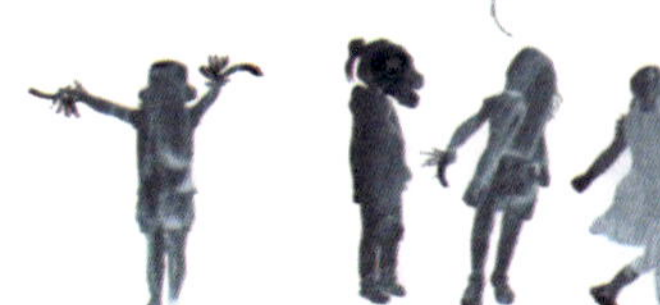

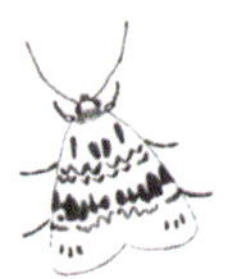

Maike Gunsilius: Mit *Der Schönfühlsalon* hat das Theater also euren ersten Programmvorschlag umgesetzt. Wie, findet ihr, hat das Theater das gemacht?

Gloria: Ganz gut eigentlich.

Mariam: Es war nicht nur ein *Schönfühlsalon*, sondern dahinter steckt halt noch mehr: Es geht auch um Ängste, Phobien und so weiter. Das konnten wir auch miteinbeziehen – und das hat das Theater auch gut umgesetzt.

Maike Gunsilius: Wir haben *Der Schönfühlsalon* gestern besucht, und ich fand es gut, dass ich nicht in einer größeren Gruppe von meinen persönlichen Ängsten oder negativen Erfahrungen erzählen sollte, sondern vor allem die Performer*innen ihre Geschichten erzählt haben, in denen ich mich wiederfinden konnte und über die ich mich dann mit anderen austauschen konnte – aber nicht musste.

Eleni: Ja, *Der Schönfühlsalon* wurde gut umgesetzt.

Maike Gunsilius: Haben die Theaterberater*innen der zweiten Runde auch schon Wunschprojekte in Auftrag gegeben?

Safa: Ja. Ein Vorschlag im Moment ist *Paroli bieten*. Es geht darum, wie man rassistischen Leuten Paroli bieten kann, wie man rassistischen Sprüchen oder rassistischem Verhalten begegnen kann.

Rita: Wenn zum Beispiel Lehrer*innen rassistische Sprüche machen …

Gloria: Es geht nicht unbedingt nur um rassistische Lehrer und Lehrerinnen, sondern um Rassismus insgesamt.

Mariam: Die meisten Lehrerinnen und Lehrer bevorzugen Deutsche oder halt Leute, die keine dunklen Haare haben oder so ... Das ist mir einfach aufgefallen.

Heike Roms: Paroli zu bieten ist ja gar nicht so einfach gegenüber Lehrer*innen ... Was erhofft ihr euch, wie könnte das Theater euch helfen, in der Schule Paroli zu bieten?

Mariam: Ich weiß nicht so genau, was man dagegen machen kann. Ich würde den Lehrern privat schreiben ...

Rita: Oder es vielleicht der Schulleitung melden?

Mariam: Rassismus kommt auch von Schüler*innen. Bei einem Laufwettbewerb in unserer Klasse, da wurden ein Junge und ein Mädchen ausgewählt. Sie ist sehr schnell und sie hat dunkle Haut, und dann hat der Junge gesagt: »Hier sind richtig viele Schwarze, und du siehst aus wie ein [...], du bist nur schnell, weil du Jamaikanerin bist.« Sie hat aus Spaß gesagt: »Usain Bolt ist mein Onkel.« Und dann hat *sie* Ärger bekommen, weil *sie* frech zu ihm war, dabei war *er* zu ihr rassistisch. Was erwarten denn die Lehrer? Man wehrt sich doch.

Rita: Wenn man auf rassistische Sprüche reagiert, bekommt man gesagt, man soll sich nicht provozieren lassen. Ich bin eigentlich eine Person, die nicht sauer wird. Ich versuch es einfach zu ignorieren, aber es nervt irgendwie. Wenn man sich wehrt, ist man immer selbst die Böse.

Mariam: Ich rege mich sehr darüber auf, wenn jemand was Rassistisches zu mir sagt. Ich komme aus Ägypten, also meine Mutter ist in Ägypten geboren, und ich bin in Deutschland geboren – und dann sagen einige in der Schule zu mir: »Geh weiter Pyramiden bauen!« Und dann machen die vor mir so einen angeblichen Pharaonentanz ... Mich nervt sowas richtig. Selbst wenn es heißt, das war nur Spaß – ... nicht lustig!

Rita: Oder, dass man wegen des Aussehens nicht als Deutsche betrachtet wird, obwohl man in Deutschland geboren und aufgewachsen ist und Deutsch spricht. Wenn man zum Beispiel dunkle Haut hat, denken manche Leute, man würde kein Deutsch sprechen ...! Mir erklären manchmal Leute Sachen so ganz komisch.

Mariam: In der deutschen Schule wirst du immer rassistisch beleidigt. Das ist ein großes Problem.

Maike Gunsilius: Und bei *Paroli bieten* soll untersucht werden, wie Lehrer*innen besser merken, ob sie sich selbst rassistisch verhalten, und wie sie besser damit umgehen, wenn Schüler*innen untereinander rassistische Bemerkungen machen?

Mariam: Ja, vielleicht. Ich weiß nicht, wie das geht, aber vielleicht kann das Theater das herausfinden.

Das Gespräch fand am 17. September 2023 in Hamburg statt. Die Theaterberater*innen sind ein Beirat aus zwölf Schüler*innen mit internationaler Familiengeschichte im Alter von 9 bis 14 Jahren.

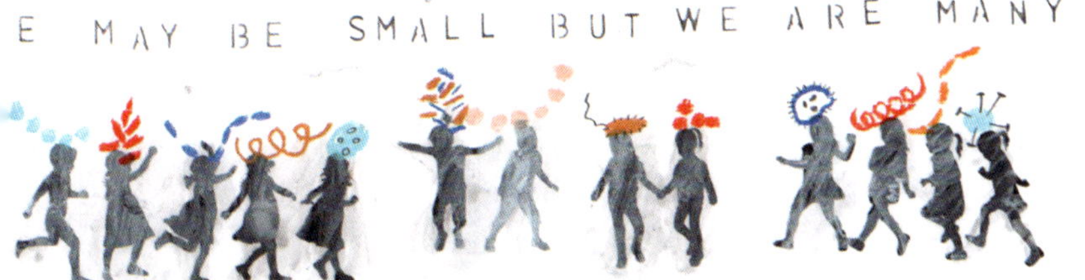

»Wir müssen das zusammen rausfinden«

Gespräch mit Elise von Bernstorff, Maike Gunsilius, Hannah Kowalski, Esther Pilkington und Eva Plischke über die Arbeit des Netzwerks Forschung im Kinder- und Jugendtheater und die Einladung zum »Nachmachen«

Maike Gunsilius: Wir sprechen als ehemalige Beteiligte der Graduiertenkollegs *Versammlung und Teilhabe* sowie *Performing Citizenship* und zugleich als Mitglieder des Netzwerkes *Forschung im Kinder- und Jugendtheater* miteinander. Wir alle haben im Rahmen unserer künstlerisch-wissenschaftlichen Promotionen oder Post-Doc-Forschung beziehungsweise darüber hinaus im Forschungstheater mit Kindern und Erwachsenen geforscht und wollen darüber sprechen, was den Ansatz des Forschungstheaters für uns auszeichnet.

Esther Pilkington: Das erste Forschungstheater-Projekt, bei dem ich mitgemacht habe, war *Was ist die Lösung?*, ein Teil des Projekts *Show & Tell* (2007). Es ging darum herauszufinden, wie etwas auf der Bühne erzählt *und* gezeigt werden kann, und es bestand aus Lecture Performances mit Kindern und Erwachsenen. Für mich hat den Ansatz damals ausgezeichnet, dass ich meine Interessen als Künstlerin und als Forscherin nicht kindgerecht aufbereiten muss, sondern im Austausch mit Kindern und Erwachsenen weiterverfolgen kann. Wahrscheinlich bin ich deshalb dabeigeblieben.

Elise von Bernstorff: In meinem Studium in Gießen war es eine starke Praxis, an künstlerischen Mitteln und Formaten zu forschen. An der Arbeit des Forschungstheaters hat mich gereizt, dass man andere Leute in diese Forschung mit reinnimmt und gemeinsam forscht, was auch eine Öffnung hin zu gesellschaftlichen Themen und Feldern bedeutet.

Hannah Kowalski: Ich habe vor siebzehn Jahren das erste Projekt im Forschungstheater gemacht. Ich war überrascht, dass man hier nicht kritisiert wurde, sondern alle gemacht haben, was sie richtig fanden. Ich bin ein politischer Mensch, habe Politikwissenschaft studiert, und das Forschungstheater war ein Raum, in dem die Verbindung von politischem Handeln mit Kindern und Theater für mich möglich wurde. Ich dachte, okay, das gibt es relativ selten, deshalb wollte ich unbedingt dabeibleiben.

Eva Plischke: Das erste Projekt, in dem ich mitgemacht habe, war *Anleitung zur Wundersuche* (2009). Ich bin Teil des Performance-Kollektivs Turbo Pascal, wir hatten damals auch schon mit Schüler*innen zusammengearbeitet. Neu war für mich im Forschungstheater, dass wir in die Schulen gegangen sind und die Schüler*innen nicht mit »Wir machen hier (forschendes) Theater« adressiert haben, sondern mit »Wir erforschen was«. Die Frage, was wir zusammen machen, wurde mit der Wundersuche beantwortet: »Wir wollen Wunder suchen, seid ihr dabei?«

Maike Gunsilius: Das erste Projekt, das ich am Forschungstheater gesehen habe, war *Die Kinderbank* (2012). Kinder haben Geld gedruckt und in Umlauf gebracht! Das hatte wenig mit etablierten Kindertheaterformen zu tun, bei denen es in erster Linie um eine wochenlang geprobte Show als Ergebnis geht. In *Die Kinderbank* ging es darum, gemeinsam mit Kindern mit künstlerischen Mitteln zu alternativen Währungen zu forschen. Dieser partizipative Ansatz hat Forschung *und* Kunst für mich geöffnet und interessanter gemacht. Im Kontext performanceorientierter und partizipativer Formen im Kinder- und Jugendtheater in den letzten zwanzig Jahren geht dieser Ansatz sehr weit: Partizipation heißt hier nicht nur in einer interaktiven Aufführungssituation kurz die Hand zu heben oder ein bisschen mitzumachen;

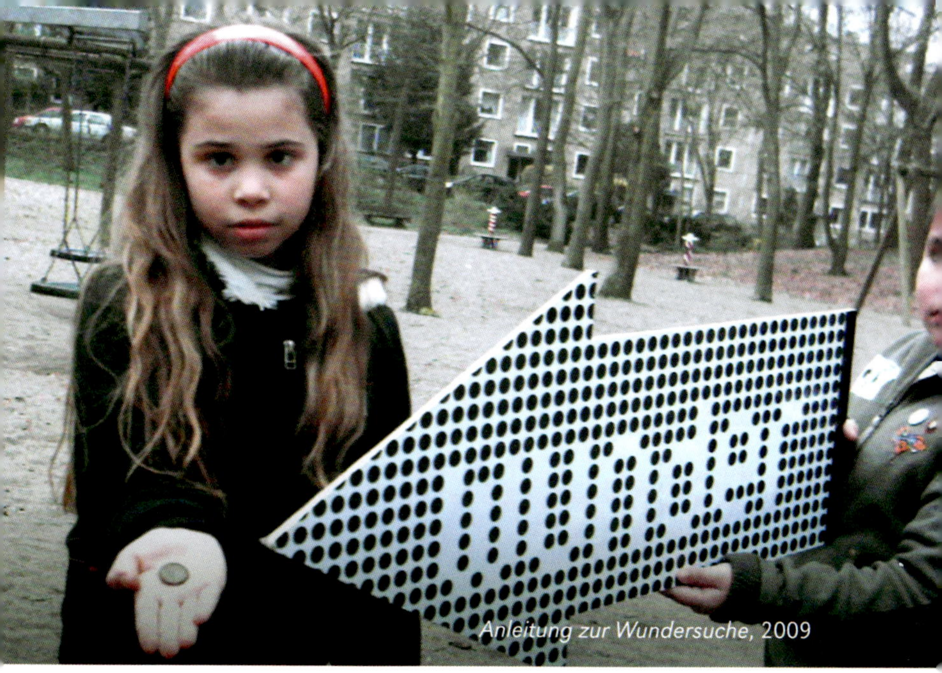

Anleitung zur Wundersuche, 2009

es geht vor allem um intergenerationale forschende Prozesse, die von den Wünschen der Kinder ausgehen.

Elise von Bernstorff: Dass das Forschungstheater Theater für und mit Kindern *und* Erwachsenen macht, dass es transgenerational arbeitet, war und ist durchaus eine Sonderstellung.

Maike Gunsilius: Wie hat das Forschen mit Kindern und Erwachsenen am Forschungstheater euer künstlerisches Arbeiten verändert?

Eva Plischke: Ich stelle immer wieder fest, dass es gar nicht so einfach ist, als Künstlerin Kontexte zu finden, in denen ich so arbeiten kann wie hier. Durch meine Arbeit am Forschungstheater denke ich die Aufführung viel stärker als eine Versammlung

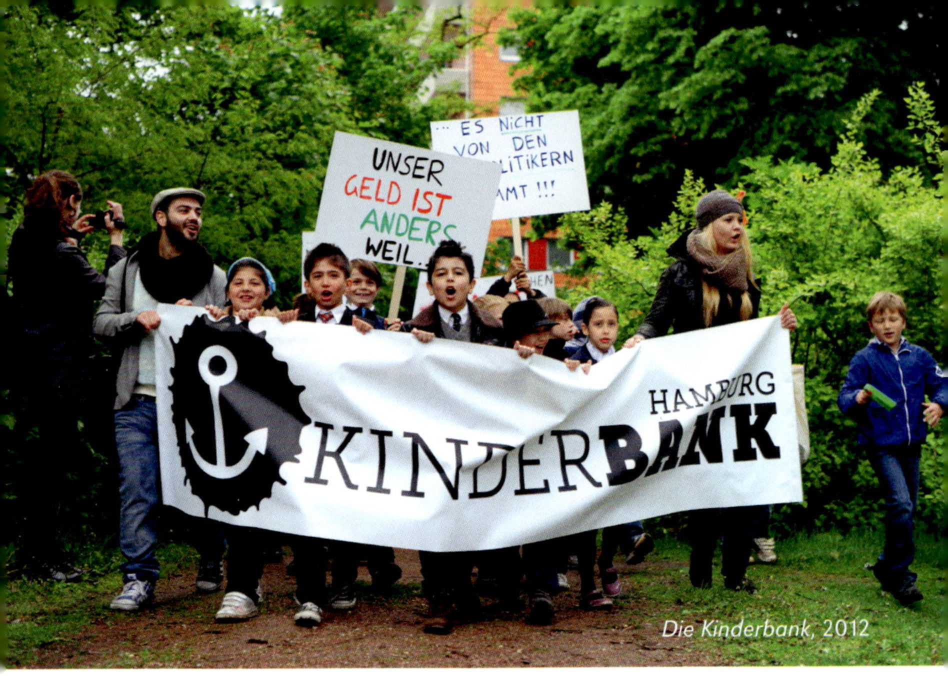

Die Kinderbank, 2012

im Rahmen eines forschenden Prozesses – und als solche sehr genau: Wer trifft da aufeinander? In welchen Rollen? Was ist das Setup für die Versammlung et cetera?

> **Elise von Bernstorff:** Ich habe nicht mehr das Gefühl, mich entscheiden zu müssen, ob ich künstlerisch oder wissenschaftlich arbeite, auch für meine persönliche Biografie. Durch das Forschen hier im Theater wurde beides zusammengeführt, ich würde heute sagen, dass ich immer in beiden Feldern arbeite.

Maike Gunsilius: Aus der künstlerischen Praxis für und mit Kindern, aus den Forschungs- und Ausbildungszusammenhängen der Theaterpädagogik und der kulturellen Bildung gab es großes Interesse an unseren hier entwickelten künstlerisch-wissenschaftlichen Forschungen. Das hat mit dazu geführt, dass wir alle mittlerweile in unterschiedlichen Kontexten auch in der Lehre tätig sind – an Universitäten, Kunsthochschulen, in Weiterbildungskontexten, Workshops et cetera – und einige von uns Curricula überarbeiten können. Welche Gestaltungsmöglichkeiten seht ihr hier?

> **Elise von Bernstorff:** Partizipative und experimentelle Ansätze werden bezogen auf Ausbildungs- und Schulcurricula heute anders diskutiert und fließen direkt und indirekt in diese ein. Das ist wichtig, weil sie Kindern eine andere Mitbestimmung und auch eine andere Position im ganzen Prozess geben und manchmal etablierte Verhältnisse umkehren können: Wer lehrt und wer lernt? Oder alle lernen und forschen zusammen. Angesichts einer gesellschaftlichen Situation der Umbrüche, in der sich alles schnell und in Richtungen verändert, die wir ganz schwer vorhersehen können – sei es der Klimawandel oder die Digitalität –, ist das wichtig: Erwachsene wissen ja nicht, was sie zu lehren haben für diese Zukunft. Wir müssen das zusammen rausfinden. Viele Fragen betreffen Kinder stärker als ältere Generationen; teilweise haben sie ganz andere alltägliche, kulturelle Praktiken – das verändert die Perspektive. Deshalb ist der Ansatz gesamtgesellschaftlich so relevant.

Maike Gunsilius: Bei Lehrangeboten können wir natürlich bestimmen, welche Ansätze Studierende kennenlernen und erproben. Im Rahmen der Überarbeitung von Kerncurricula für das Schulfach Darstellendes Spiel beziehungsweise Theater versuchen einige von uns forschende Ansätze adäquat zu verankern. Die Zusammenarbeit mit Schulen ist zentral für den Ansatz des Forschungstheaters – auch um eine breite Öffentlichkeit von Kindern und Jugendlichen zu erreichen. Von Erwachsenen wird sie oft so missverstanden, dass es hier doch eher um Lern- und

Kompetenzentwicklung für die Schüler*innen gehe statt um intergenerationales Forschen an gesellschaftlichen Fragen. Das fordert dazu heraus, das Verhältnis von kultureller Bildung und Forschung immer neu zu bestimmen.

Eva Plischke: Ich spreche in letzter Zeit im Kontext meiner Arbeit lieber von politischer Bildung, denn diese Prozesse sind für mich, genau wie für alle anderen am Prozess Beteiligten, politische Bildung *und* Forschung gleichzeitig.

Maike Gunsilius: Oft muss man erstmal klären, von welchem Bildungsbegriff wir eigentlich ausgehen und wie der zum Begriff des Forschens steht.

Elise von Bernstorff: Ich würde Bildung immer auch als eine Selbstbildung und als transformativen Bildungsprozess begreifen.

Esther Pilkington: Auch als kollaborativen Prozess. So verstanden ist Bildung absolut kompatibel mit der Art, wie wir partizipative künstlerische transgenerationale Forschung im Theater praktizieren.

Hannah Kowalski: Ich bin überzeugt, dass Bildungsangebote, in denen geforscht wird, für alle Beteiligten interessanter und produktiver sind. Aber nicht alles ist in jedem Moment Forschung. Mir ist es wichtig zu sortieren: Jetzt habe ich eine Recherchephase, in der ich (noch) nicht forsche. Danach probiere ich dezidiert ein Setup aus, danach werte ich Ergebnisse aus et cetera. Im Kolleg hatten wir diesbezüglich eine Strenge; seitdem versuche ich immer präzise zu benennen, in welcher Phase des Prozesses ich wirklich forsche und wann nicht.

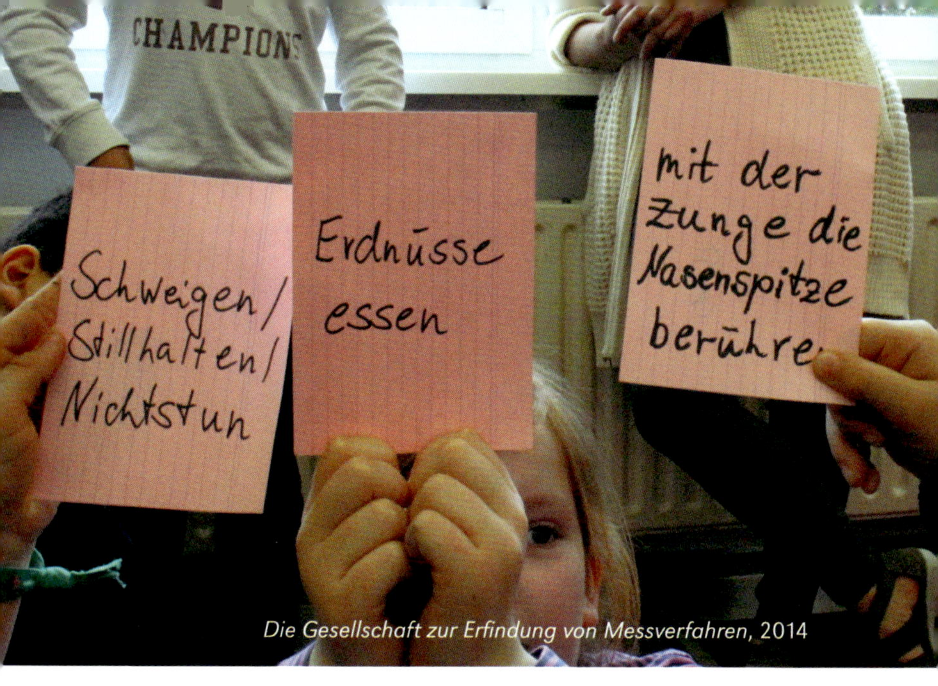

Die Gesellschaft zur Erfindung von Messverfahren, 2014

Maike Gunsilius: In welcher Phase forschst du wirklich?

Hannah Kowalski: In den Momenten, wo etwas mit allen Kindern im Raum probiert oder getestet wird und ich danach weiß, dass dieses Objekt, dieser Vorgang, dieses Setting jetzt etwas hervorgebracht hat. Das ist etwas anderes als das Suchen und Sammeln von Informationen – das ist meine Recherche.

Esther Pilkington: Das hört sich so an, als würdest du eher allein recherchieren und mit anderen forschen.

Hannah Kowalski: Ja, häufig ist das so.

Esther Pilkington: Dass die Forschungsprojekte hier am Forschungstheater aus Wünschen entwickelt werden, habe ich für

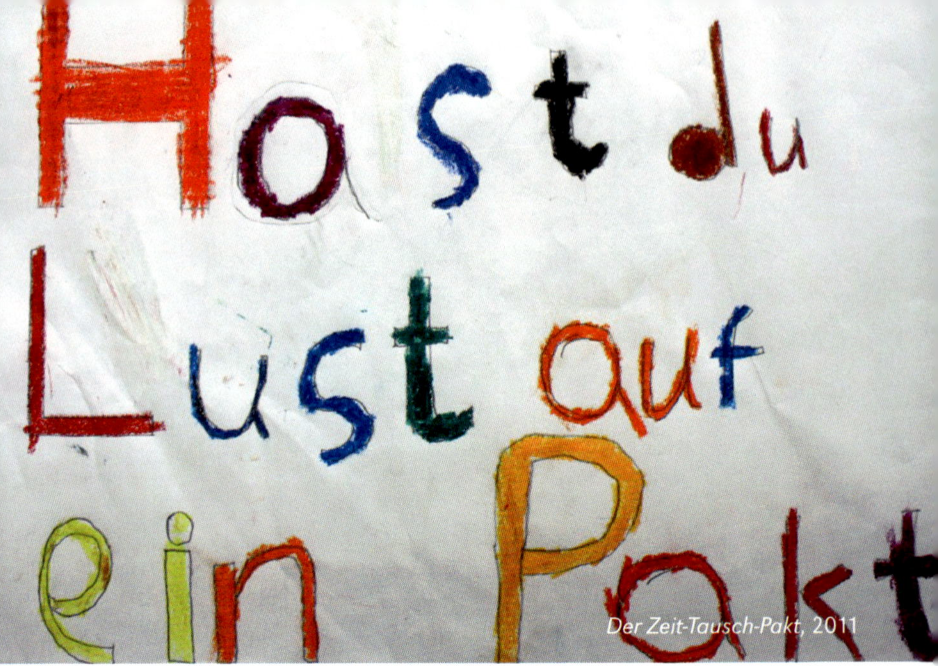

Der Zeit-Tausch-Pakt, 2011

meine Projekte übernommen: Ich mache keine Müdigkeitsforschung, ich mache Schlafforschung, denn wir wollen alle mehr Schlaf. Oder Urlaubsforschung, weil wir alle mehr Urlaub wollen. Das ist die Setzung; vielleicht wollen das auch nicht alle – das finden wir dann heraus. Obwohl die Projekte als Kunstprojekte finanziert werden, nenne ich sie von vornherein Forschung – für alle Beteiligten. Es geht nicht um die Show, trotzdem bleiben sie in der Regel in der künstlerischen Projektlogik.

Elise von Bernstorff: Während der Promotion mussten wir diese Form der Forschung stark legitimieren – sowohl dem wissenschaftlichen als auch dem künstlerischen Feld gegenüber. Habt ihr das auch so wahrgenommen?

Hannah Kowalski: Ja. Wir waren die ersten in Deutschland, die für eine performativ-wissenschaftliche Forschung den Titel des Dr. phil. erhalten konnten. Da war schon viel Druck zu spüren, und der wurde auch kommuniziert: Ist das wirklich Forschung? Ist das wirklich Wissen, das dein Setup hervorbringt? Hast du wirklich Ergebnisse? Das hatte stark mit dem Diskurs um künstlerische Forschung zu tun, in dem es unter anderem auch um wissenschaftspolitische Interessen und Verteilungskämpfe ging.

Maike Gunsilius: Ansätze der intergenerationalen Forschung im Theater haben sich verbreitet, bleiben – außerhalb dieses Kollegskontextes – aber im Rahmen überschaubarer Einzelprojekte, deren Ergebnisse in ihrer Relevanz nicht als solche anerkannt werden. Unter anderem auch deswegen haben wir 2022 das Netzwerk *Forschung im Kinder- und Jugendtheater* gegründet.

Elise von Bernstorff: Wir brauchen das Netzwerk, um überhaupt einen Rahmen zu haben, in dem wir uns treffen können...

Eva Plischke: ...und den Austausch mit anderen Forschenden aufrechterhalten und erweitern können.

Maike Gunsilius: Unser Netzwerklabor zum Thema *Nachmachen* stellt zum Beispiel die Frage nach einer künstlerischen und wissenschaftlichen Autor*innenschaft. Wir präsentieren uns gegenseitig im Theater entwickelte Forschungsformate und laden einander und andere zum Nachmachen ein. Bislang forschen wir aber im Theater in institutionellen und Förderstrukturen, die stark an Autor*innenschaften gekoppelt sind. Was bedeutet das Nachmachen für Autor*innenschaft? Ist die noch wichtig? Was tritt an ihre Stelle, wenn wir »nachmachen«?

Eva Plischke: Ich habe tatsächlich kein Projekt zum Nachmachen zur Verfügung gestellt. In den letzten Jahren habe ich hauptsächlich Projekte im Kollektiv gemacht – da kann ich nicht einfach entscheiden, ob wir etwas zum Nachmachen freigeben, das müssten wir erst diskutieren.

Esther Pilkington: Mir fiel es schwer, etwas auszusuchen, um es »freizugeben«, weil ich Projekte ganz oft als Anleitung aufschreibe und hoffe, dass sie jemand nachmacht. Die Urlaubsforschung ist schon aufgeschrieben; nach der Schlafforschung habe ich auch dokumentiert, wie man am besten Übernachtungspartys mit Erwachsenen und Kindern machen kann... Ich finde es super, wenn Leute Sachen nachmachen. Was kann diese Anforderung, *original content* zu produzieren, heutzutage für Künstler*innen noch bedeuten?

Maike Gunsilius: Ganz pragmatisch natürlich oft die Arbeits- und Lebensgrundlage. Der partizipative Ansatz des Forschungstheaters steht einem an Originalität und Genie orientierten Begriff von Kunst und Autor*innenschaft erstmal entgegen. Ist der konsequente nächste Schritt zu sagen, dann kann man es auch nachmachen?

Elise von Bernstorff: Nachmachen ist auch eine Forschung. Lässt sich das überhaupt nachmachen? Was genau wird nachgemacht? Was passiert beim Nachmachen mit bestimmten künstlerischen Entscheidungen, was verschiebt sich dabei? Vermutlich werden weniger einzelne ästhetische Entscheidungen nachgemacht, sondern eher inhaltliche Setzungen und Formate.

Eva Plischke: Mit Blick auf unsere erste Frage, was den Ansatz des Forschungstheaters ausmacht, muss ich sagen, dass die For-

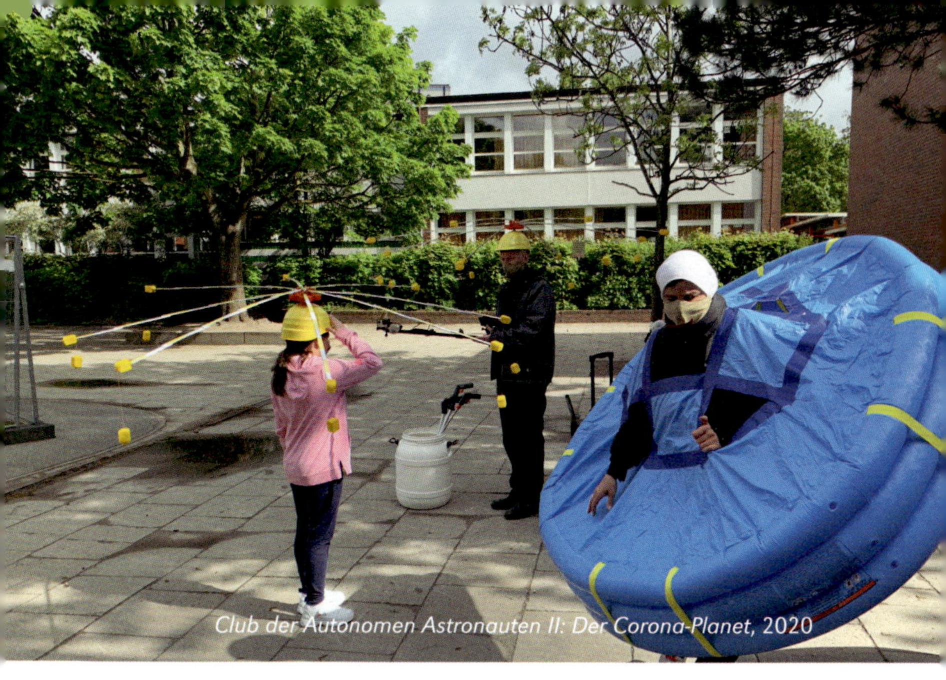
Club der Autonomen Astronauten II: Der Corona-Planet, 2020

schungstheaterprojekte schon eine gewisse Genialität haben! Hier werden Wünsche mit einer gesellschaftlich relevanten Forschungsfrage, die vielleicht eine wissenschaftliche Forschungsfrage ist, mit einer so einer provokanten Schläue und Dichte verbunden, dass man einen Aha-Effekt hat. Das muss man natürlich erstmal nachmachen!

Maike Gunsilius: … ja, wie bringen Erwachsene ihre künstlerische Expertise in ein partizipatives intergenerationales Forschungsprojekt ein? Für mich besteht sie genau darin, einen Wunsch mit einer Forschungsfrage und einem oder mehreren künstlerischen Verfahren so zu verknüpfen, dass ein künstlerisch eingerichtetes Setup entwickelt wird, in dem inter- oder transgenerational geforscht werden kann. Dieses entwickelte Format kann auch *ein* Ergebnis neben anderen dieser Forschung

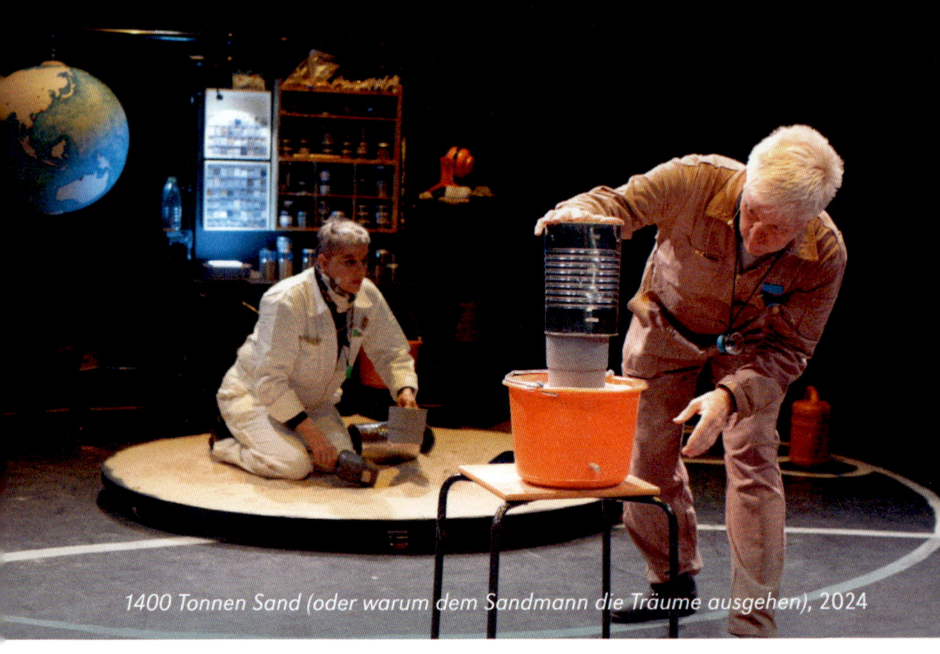

1400 Tonnen Sand (oder warum dem Sandmann die Träume ausgehen), 2024

sein, das im Sinne des gesellschaftlichen Transfers für weitere Forschung zur Verfügung gestellt wird, indem man es nachmachen kann.

> **Eva Plischke:** Mindestens genauso wichtig wie für die Wissenschaft oder die Kunst sind die Ergebnisse ja auch für eine Stadt- oder Landgesellschaft oder einen sozialen Kontext, in dem die Forschung wirksam werden sollte. Auch insofern ist das Nachmachen natürlich absolut wünschenswert.

Maike Gunsilius: Von Netzwerklabor zu Netzwerklabor gibt es jeweils einen Schwerpunkt, einen nächsten Schritt. Was wäre für euch so ein nächster Schritt? Was soll unser Netzwerk erreichen?

Eva Plischke: Durch die Zusammenstellung von Projekten auf der Website und den gemeinsamen Austausch darüber weisen die Fragen und die Ergebnisse über das einzelne Projekt hinaus. Das sollten wir stärken und verstetigen.

Elise von Bernstorff: Ein schöner nächster Schritt ist, dass wir uns vorgenommen haben, gemeinsam an einem inhaltlichen Thema, an Interspezies-Verhältnissen, in unterschiedlichen Teilprojekten intergenerational und künstlerisch-wissenschaftlich zu forschen, diese Forschung zu teilen, zu verknüpfen und in einen größeren Zusammenhang zu stellen.

Eva Plischke: Und, ja, natürlich braucht nachhaltige Forschung im größeren Verbund mehr Geld. Und richtig Geld braucht es, um intergenerationale künstlerisch-wissenschaftliche Forschungsprojekte langfristig strukturell einrichten zu können…

Maike Gunsilius: Die Relevanz dieser Form von Forschung ist noch nicht ausreichend anerkannt – auch, weil sie durch den zu eng gesteckten Förderrahmen in der Logik künstlerischer Projekte stattfindet. Wir benötigen dringend andere Fördermöglichkeiten, um diese Anerkennung voranzutreiben.

Elise von Bernstorff: Die Netzwerktreffen zeigen, dass das Interesse an der Praxis intergenerationaler Forschung auf der Schnittstelle zu gesellschaftlichen Feldern und Institutionen groß ist, zum Beispiel und gerade in der Schule. Auch das hat sich durch die Arbeit des Forschungstheaters entwickelt.

Das Gespräch fand am 23. September 2023 in Hamburg statt.

Werkverzeichnis

Abkürzungen: ART: *Artistisches Training.* ***B:*** *Bühnenbild.* ***CH:*** *Choreografie.* ***DR:*** *Dramaturgie.* ***DT:*** *Digitaltechnik.* ***F:*** *Förderer.* ***G:*** *Gast.* ***GD:*** *Grafik/Design.* ***OT:*** *Objekttheater.* ***K:*** *Konzept.* ***KO:*** *Kostüm.* ***KP:*** *Koproduktion.* ***LD:*** *Lichtdesign.* ***M:*** *Musik.* ***MA:*** *Masken.* ***P:*** *Produktion.* ***PA:*** *Produktionsassistenz.* ***R:*** *Regie.* ***RD:*** *Requisitendesign.* ***T:*** *Text.* ***UA:*** *Uraufführung.* ***V:*** *Video.* ***VA:*** *Video-Animation.* ***WB:*** *Wissenschaftliche Beratung.*

2003

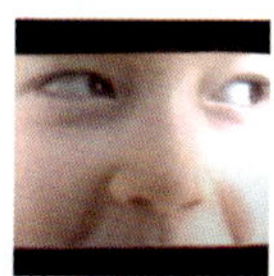

Schuluhr & Zeitmaschine

Ein Team von Zeitforscher*innen besucht Grundschulen mit dem Verdacht, dass hier die Zeit gemacht wird. Schüler*innen werden über Zeit und Schule interviewt. Es folgen kollektive Experimente, die per Video dokumentiert werden: Kann man die Schulzeit abstellen? Anschließend werden die besuchten Schüler*innen ins Theater eingeladen und sind Teil eines Forschungsberichts, beziehungsweise einer Lecture Performance, in die jeweils Videoaufnahmen aus der entsprechenden Schule eingebaut werden. Das Theater wird zur Zeitmaschine, in der erfahrbar wird, wie wir die Zeit selber machen. Eingeladen zum Festival *AUGENBLICK MAL!* 2005.
Von & mit: *Hanno Krieg, Stephan Münte-Goussar, Sibylle Peters.* ***K, T, R & LD:*** *Tanja Gwiasda.* ***V:*** *Hanno Krieg, Stephan Münte-Goussar.* ***B:*** *Bianca Buchen, Noreen Schindler.* ***DR:*** *Petra Sabisch.* ***KP:*** *PROFUND Kindertheater e. V.* ***F:*** *Kulturbehörde Hamburg.* ***UA:*** *Februar 2003, FUNDUS THEATER.*

2005

Forschen für Anfänger

Forschen – was ist das eigentlich? Haben Kinder, Künstler*innen und Wissenschaftler*innen dies gemeinsam, dass sie alle Forschende sind? Elf Wissenschaftler*innen, die manchmal zugleich Künstler*innen sind, entwickeln gemeinsam mit Sibylle Peters interaktive Lecture Performances zu ihrer jeweiligen Forschungspraxis. Wie lässt sich Forschung anschaulich machen und wie können wir nach Möglichkeit direkt zusammen ins Forschen einsteigen? Während dieser Vorträge wird getanzt, gerätselt und der Müll der Nachbarschaft unter die Lupe genommen. Dabei stellt sich immer wieder die Frage: Wo wird Vermittlung wieder Forschung?
K, R & LD: *Sibylle Peters.* ***Mit:*** *Ulrike Bergermann, Armin Chodzinski, Manfred Euler, Gabriele Klein, Friederike Lampert, Thomas Macho, Torsten Meyer, Stephan Münte-Goussar, Mike Pearson, Heike Roms, Jörg Wiesel.* ***F:*** *Körber-Stiftung.* ***UA:*** *November 2005–Februar 2006, FUNDUS THEATER.*

2006

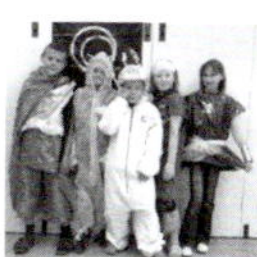

Club der Autonomen Astronauten

Inspiriert von Luther Blissett und Buckminster Fuller dient der Club der Autonomen Astronauten dazu, die

Raumfahrt zu demokratisieren: Sind wir nicht alle schon längst im Weltall und merken es nur nicht? Eine internationale Raumstation wird auf Schulhöfen aufgebaut, Schüler*innen absolvieren ein Training für Erdastronaut*innen (»Fliegen im Liegen«) und können im Anschluss in den Club eintreten. Im Theater wird eine Clubversammlung abgehalten. Dabei entscheiden die Mitglieder über die zukünftige Ausrichtung des Clubs: Raketen bauen, Weltall spielen oder Raumfahrt mit dem Raumschiff Erde, also Raumfahrt sofort? Die Clubversammlung kulminiert in einem spektakulären Ausstieg und einem live übertragenen Weltraumspaziergang auf dem Dach des Theaters. Flankiert von der Lecture Performance *Das Planetarische als Wunschproduktion* in Kooperation mit geheimagentur. ***Von & mit***: *Sibylle Peters, Matthias Anton, Katharina Duve, Dariusz Kostyra, Christina Witz.* ***K & R***: *Sibylle Peters.* ***B:*** *Matthias Anton.* ***KO & LD:*** *Dariusz Kostyra.* ***M:*** *Knarf Rellöm.* ***F:*** *Kulturbehörde Hamburg.* ***UA:*** *September 2006, FUNDUS THEATER.*

2007

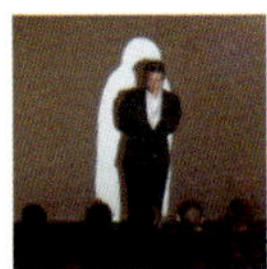

Show & Tell: Alles, was sich dreht / Erscheinen & Verschwinden

Gemeinsam entwickeln und publizieren Sibylle Peters und Armin Chodzinski eine niedrigschwellige Didaktik der Lecture Performance, *Show & Tell*, mithilfe derer Laien spannende szenische Präsentationen entwickeln können. Die Didaktik wird in Workshops mit Schulklassen und Lehrer*innen erprobt. Schüler*innen entwickeln und zeigen Show & Tells zum Thema »Alles, was sich dreht«. ***Von & mit:*** *Armin Chodzinski, Sibylle Peters.* ***K & LD:*** *Sibylle Peters.* ***B & GD:*** *Armin Chodzinski.* ***PA:*** *Hannah Kowalski.* ***UA:*** *Mai 2007, FUNDUS THEATER.* **Publikation:** *Show & Tell*, Broschüre

2008

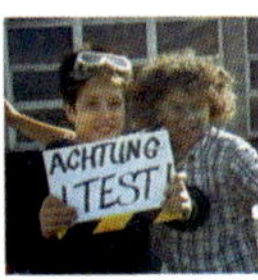

Kinder testen Schule

Schulen testen Kinder. Das ist klar. Aber wie könnten Kinder ihre Schulen testen? Künstler*innen und Kinder entwickeln gemeinsam Testverfahren, die wirklich zählen: den Crashtest (Florian Feigl, Sibylle Peters, Jens Jakob de Place), die Geistersuche (Christina Witz, Dorothee de Place), die Lehrer-Roboter-Programmierung (Sibylle Peters) und den Bewegungsmelder (Hannah Kowalski). Mehr als ein Dutzend Hamburger Schulen werden getestet. Die Tests werden dokumentiert und die Daten ausgewertet. Die Schüler*innen werden ins Theater eingeladen. Im Rahmen einer interaktiven Performance werden die Ergebnisse des Schultests präsentiert und weitere Tests live durchgeführt. ***Von & mit:*** *Matthias Anton, Florian Feigl, Hannah Kowalski, Dorothee de Place, Jens Jakob de Place, Christina Witz.* ***K & R:*** *Sibylle Peters.* ***B:*** *Matthias Anton.* ***LD:*** *Frank Helmrich.* ***KP:*** *K3 – Zentrum für Choreographie, PROFUND Kindertheater e. V.* ***F:*** *PwC-Stiftung, Fonds Darstellende Künste.* ***UA:*** *September 2008, FUNDUS THEATER.*

2009

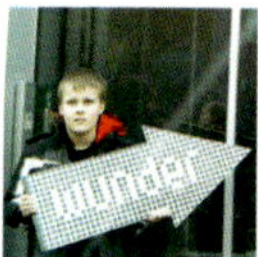

Anleitung zur Wundersuche

Inspiriert von *Die Wunder von Bochum* (geheimagentur, Ruhrtriennale 2005) und den Wunderkammern der frühen Neuzeit geht das Forschungstheater gemeinsam mit Kindern auf Wundersuche: in Schulen, Familien, in der Stadt, in der Geschichte und Wissenschaft. Es entsteht eine Anleitung zur Wundersuche: Ein Zauberer (Matthias Anton), eine Wissenschaftlerin (Sibylle Peters) und das Denkmal eines Wundersuchers aus dem 17. Jahrhundert (Tine Krieg) präsentieren die bereits gesammelten Wunder auf der Bühne: ein Alphabet, das voller Experimente und wundersamer Geschichten steckt. Was ist eigentlich ein Wunder und kann man es aufbewahren? Die Inszenierung ist flankiert von einer Serie von interaktiven Lecture Performances im Körber-Forum und einer Broschüre nebst Box mit allen Ausrüstungsgegenständen, die man für die Wundersuche braucht.
***Von & mit:** Matthias Anton, Sylvie Deinert, Tine Krieg, Sibylle Peters. **K:** Sibylle Peters. **R:** Sylvie Deinert, Sibylle Peters. **B:** Tanja Gwiasda. **KO:** Tine Krieg, Tanja Gwiasda. **LD:** Frank Helmrich. **KP:** geheimagentur. **F:** Kulturbehörde Hamburg. **UA:** November 2009, FUNDUS THEATER.*
Publikation: *Anleitung zur Wundersuche*, Broschüre und Box

2010

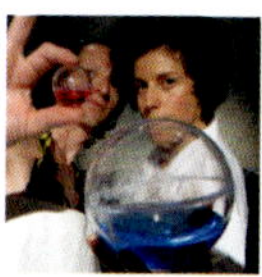

Liquids. Ein Lehrstück über Flüssigkeiten

Inspiriert von Bruno Latour macht das Forschungstheater den »Material Turn« und arbeitet mit dem Institute of Making (Zoe Laughlin, London) zusammen, um zu zeigen, dass Materialien eine eigene Agency haben. Flüssigkeiten zum Beispiel: Menschen versuchen zu definieren, was flüssig bedeutet, und machen dazu Regeln. Dann zeigt sich allerdings, dass sich die Flüssigkeiten nicht immer daran halten. Auf der Bühne stehen ein Performer und eine Wissenschaftlerin, die Englisch spricht; das Stück ist zweisprachig. Das Publikum sitzt um ein Wasserbecken herum und erlebt seltsame naturkundliche Phänomene interaktiv und hautnah. Eingeladen zum Festival *AUGENBLICK MAL!* 2012. Reinszeniert vom Royal Dramatic Theatre Stockholm.
***Von & mit:** Matthias Anton, Zoe Laughlin, Hannah Kowalski. **K, T & R:** Sibylle Peters. **B:** Matthias Anton. **M:** Tanja Gwiasda. **WB:** Zoe Laughlin/Institute of Making. **UA:** September 2010, FUNDUS THEATER | Forschungstheater.*

Was ist die Lösung?

Dieses Forschungsprojekt digitalisiert die Show & Tell-Didaktik von 2007: Künstler*innen, Wissenschaftler*innen und Kinder sind über eine Online-Video-Plattform miteinander verbunden, auf die sie Präsentationen zum

Thema »Was ist die Lösung?« hochladen. Im Theater werden dazu mit Kindern Greenscreen-Präsentationen entwickelt. In mehreren Vorstellungen werden Ergebnisse präsentiert. Das Geschehen wechselt zwischen dem Live-Greenscreen auf der einen Seite und der projizierten Online-Präsentation auf der anderen Seite, das Publikum sitzt dazwischen und schaut wie beim Tennis hin und her. Dies sind die ersten Veranstaltungen in der neuen Forschungstheater-Bühne. Das Projekt findet im Rahmen des Forschungsprogramms *Interactive Science* der Universität Gießen als Teil des Forschungsprojekts von Sibylle Peters zu Online-Lectures statt und wird von einem Symposium auf Kampnagel flankiert, das die gleiche Technik nutzt.
Mit: *Elise von Bernstorff, Kai van Eikels, Hannah Kowalski, Stephan Münte-Goussar, Daniel Ladnar, Esther Pilkington.* ***K & R:*** *Sibylle Peters.* ***V & DT:*** *Hanno Krieg und Milan Matull.* ***F:*** *Universität Gießen/VW Stiftung, TUSCH.*
UA: *November 2010, FUNDUS THEATER | Forschungstheater.*

2011

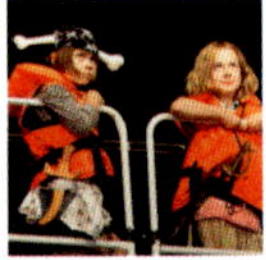

Echte & Andere Piraten

2010 wird eine Gruppe somalischer Piraten in Hamburg vor Gericht gestellt. Hamburger Kinder, die gerne Piraten spielen, haben Fragen zum Verhältnis von Mythos, Spiel und Realität in Sachen Piraterie. Das Forschungstheater zeichnet diese Fragen auf Video auf und reist nach Eastleigh in Kenia. Dort beantworten somalische Piraten auf der Flucht aus Somalia die Fragen der Kinder und werden ebenfalls per Video dokumentiert. Inspiriert vom Konzept der Hydrarchy (Marcus Rediker) entwickelt das Forschungstheater eine Inszenierung rund um diesen Dialog zwischen Piraten und Kindern. Die Inszenierung hat mehrere Versionen. In der ersten stehen Kinder und somalische Piraterie-Experten mit auf der Bühne. Die zweite Version wird zu den *Wiener Festwochen* eingeladen und hier von einer Zusammenarbeit mit dem Verein Somal 21 flankiert.
BKM-Preis Kulturelle Bildung 2012.
Von & mit: *Matthias Anton, Caro, Katharina Duve, Agane Muhamad Farah, Joan, Hannah Kowalski, Lara, Leonie, Jamal Mataan, Mel, Mustafa Omar, Sibylle Peters.* ***K, T & R:*** *Sibylle Peters.* ***V:*** *Hanno Krieg, Sibylle Peters, Katharina Duve.* ***B:*** *Matthias Anton.* ***KP:*** *geheimagentur, Kampnagel Internationales Sommerfestival, Wiener Festwochen.*
UA: *August 2011, Kampnagel Internationales Sommerfestival.*

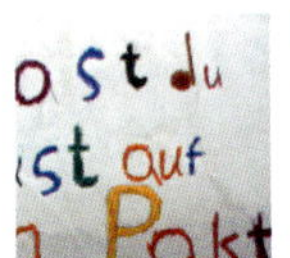

Der Zeit-Tausch-Pakt

Was Erwachsene heute entscheiden, beeinflusst das Leben junger Menschen noch in fünfzig Jahren. Mitentscheiden dürfen sie dennoch nicht. Um das zu thematisieren und einen kleinen Ausgleich zu schaffen, schließen Kinder und ältere Erwachsene einen Zeit-Tausch-Pakt. Dabei tauschen Kinder und Erwachsene jeweils einen Tag: Kinder bestimmen, was die älteren Erwachsenen an einem Tag ihrer Gegenwart tun sollen, zum

Beispiel: »Gehe ins Schwimmbad und unterhalte dich mit fünf Menschen über den steigenden Meeresspiegel«. Die Erwachsenen bestimmen, was die Kinder an einem Tag in fünfzig Jahren tun sollen, zum Beispiel ein Gericht noch einmal so kochen wie Oma. Der Pakt wird mit einem feierlichen Ritual im Theater besiegelt.
Von & mit: *Sibylle Peters, Eva Plischke.* ***B:*** *Hanno Krieg.* ***PA:*** *Rouven Costanza.* ***F:*** *Kultur macht stark.* ***UA:*** *2011, Winterakademie, Theater an der Parkaue Berlin.*

2012

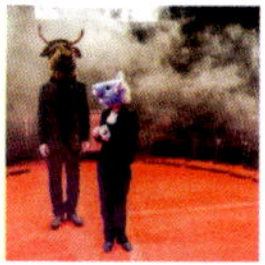

Die Kinderbank

Das Forschungstheater hat das Konzept des wunschorientierten Forschens entwickelt und beschäftigt sich unter dem Eindruck der Finanzkrise mit dem Wunsch nach Reichtum. Gemeinsam mit der Grundschule Richardstraße gründet das FT die Kinderbank Hamburg, die ihr eigenes Geld druckt und ein Netzwerk von Läden im Stadtteil Eilbek aufbaut, in denen Kinder mit dem Geld bezahlen können. Im Theater finden Kinderbank-Versammlungen statt, in denen Geschichten vom neuen Geld erzählt werden, über Kinderarmut und Gemeinschaftswährungen geforscht und jeweils entschieden wird, wie viel neues Geld gedruckt werden kann. Im Anschluss an den Forschungsprozess entsteht die Inszenierung *Die Kinderbank*, in der die Geschichte der Kinderbank, aber auch die des Geldes allgemein erzählt werden. Die Performer*innen treten dabei u. a. als Bulle, Maus und Kröte auf. Eine Anleitung zum Gelddrucken wird entwickelt. Zahlreiche Kinderbank-Versionen entstehen in Zusammenarbeit mit Live Art Denmark in Skandinavien. BKM-Preis Kulturelle Bildung 2012.
Von & mit: *Hannah Kowalski, Hanno Krieg, Sibylle Peters.* ***K & R:*** *Sibylle Peters.* ***B:*** *Hanno Krieg.* ***M:*** *Hanno Krieg.* ***MA:*** *Judith Stryczek.* ***LD:*** *Frank Helmrich. Mit Schüler*innen & Lehrer*innen der Grundschule Richardstraße und Studierenden der HafenCity Universität/ Kultur der Metropole.* ***F:*** *TUSCH. Stiftung Maritim Hermann & Milena Ebel.* ***KP:*** *PROFUND Kindertheater e. V.* ***UA:*** *Januar 2012, FUNDUS THEATER | Forschungstheater.*
Publikation: *Eine Anleitung zum Gelddrucken in sieben Schritten*, Broschüre

Graduiertenkolleg *Versammlung & Teilhabe*

Im Rahmen des am Forschungstheater angesiedelten Graduiertenkollegs werden zwischen 2012 und 2014 folgende Forschungsprojekte realisiert:
Ja, Nein, Vielleicht* und *Der Entscheidungsspielraum.
Leitung: Hannah Kowalski. Kinder entscheiden bei der Planung des Hamburger Gängeviertels mit. Wie können szenische und performative Mittel zu einem egalitären und inklusiven Entscheidungsprozess beitragen?
Das Jüngste Gericht I & II.
Leitung: Elise von Bernstorff. Kinder und Jugendliche auf der Schwelle zur Strafmündigkeit untersuchen, performen und vertreten das Gericht als Institution der Rechtsprechung.

Das Junge Institut für Zukunftsforschung.
Leitung: Eva Plischke. Kinder und Jugendliche beantworten mittels Szenariotechniken Zukunftsfragen von Bürger*innen und Politiker*innen.
Publikation: pab-research.de

2013

Die Spukversicherung

Inspiriert unter anderen von Isabelle Stengers und den historischen Tranceerednerinnen der USA gründet das Forschungstheater die Spukversicherung und macht aus der Geistersuche aus *Kinder testen Schule* ein eigenes Forschungsprojekt: Schulen können sich gegen Spuk versichern. Teams kommen in die Schulen und bilden die Schüler*innen zu Geistersucher*innen aus. Psychogeographisches Mapping und die Geistersuch-Maschine ermöglichen es, Schulgeister einzufangen, zu benennen und zu beschreiben. Die Schüler*innen werden zur Séance ins Theater eingeladen. Hier werden die Schulgeister wieder freigelassen, fahren in Objekte und Menschen ein und begegnen den Geistern des Theaters. In der Befragung der Geister kommen zahlreiche Probleme und Potenziale von Schulgemeinschaften ans Licht. Die Inszenierung wurde vom Jungen Staatstheater Freiburg übernommen. Aus der Inszenierung ist das gleichnamige Kinderbuch entstanden.
Von & mit: *Sylvie Deinert, Tine Krieg, Sibylle Peters* ***sowie*** *Gyde Borth, Dorothee de Place, Christopher Weymann.* ***K & R:*** *Sibylle Peters.* ***OT:*** *Sylvie Deinert.* ***KO:*** *Tine Krieg, Tanja Gwiasda.* ***M:*** *Sibylle Peters.* ***RD:*** *Hanno Krieg, Tanja Gwiasda.* ***LD:*** *Frank Helmrich.* ***ART:*** *Felix Kubin.* ***KP:*** *Kulturagenten für kreative Schulen.* ***F:*** *TUSCH, Fonds Darstellende Künste.* ***UA:*** *Februar 2013, FUNDUS THEATER | Forschungstheater.*
Publikation: Sibylle Peters und Eleanor Sommer: *Die Spukversicherung. Ein Handbuch zur Geistersuche*, Hamburg 2020

2014

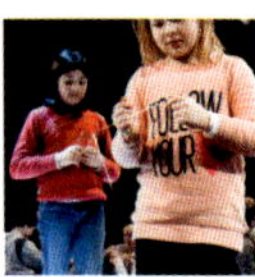

Die Gesellschaft zur Erfindung von Messverfahren

In Sachen Zeitmessung und Schultestung hat das Forschungstheater sich bereits mit der Kunst des Messens auseinandergesetzt. Denn Messen ist die Basis aller Naturwissenschaft und doch selbst keine Wissenschaft, sondern eine Kunst. Kann Messen auch ein künstlerisches Verfahren sein? Die Gesellschaft zur Erfindung von Messverfahren lädt Kinder, Künstler*innen, Studierende und Wissenschaftler*innen ein, neue Messverfahren zum Thema »Das gute Leben/Wellbeing« zu entwickeln. Es entstehen ein auf Sinnes- und Gemeinschaftserfahrungen basierendes Messprogramm für Schulen und andere Institutionen sowie eine Serie von szenischen und interaktiven Präsentationen und Workshops u. a. im Rahmen des Festivals *SPURENSUCHE* 2013. Ein Symposium bringt Wissenschaftler*innen und Studieren-

de zum Thema zusammen. In Kooperation mit dem Institute of Making.
Von & mit: *Hanno Krieg, Hannah Kowalski, Friederike Dunger, Kristin Grün, Sibylle Peters.* ***K & R:*** *Sibylle Peters.* ***B, RD & V:*** *Hanno Krieg.* ***LD:*** *Frank Helmrich. Mit Schüler*innen und Lehrer*innen des Europa-Gymnasiums Hamm.* ***WB:*** *Institute of Making, Heike Roms, Ute Pinkert, Kai van Eikels u. a.* ***KP:*** *PROFUND Kindertheater e. V.* ***F:*** *TUSCH, Beauftragte der Bundesregierung für Kultur & Medien.* ***UA:*** *Februar 2014, FUNDUS THEATER | Forschungstheater.*
Publikation: https://gzevm.tumblr.com/

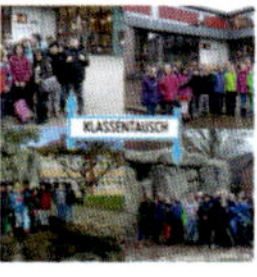

Der Klassentausch

Zwei Schulklassen, eine aus einem reichen, eine aus einem armen Teil der Stadt, tauschen für einen Tag die Schulen und den Nachmittag im jeweiligen Stadtteil. Ein doppelter Klassentausch. Vorher gestalten die Schüler*innen gemeinsam mit dem Forschungstheater einen Reiseführer für ihre Schulen und Stadtteile: Was ist sehenswert, wovor muss gewarnt werden? Mit dem Reiseführer ausgestattet reisen die Klassen in die jeweils andere Schule, die andere Welt. Die Klassenreisen werden ausführlich per Video dokumentiert. Etwas später kommen beide Klassen ins Theater. Durch unterschiedliche Türen werden sie auf zwei Seiten eines roten Vorhangs geführt. Der Vorhang öffnet sich und die Schulklassen sehen sich zum ersten Mal. Mittels Reiseführer, Videodokumentation und Live-Interviews wird Bericht erstattet: Wie war der Blick in das Leben der anderen? Das Team ergänzt die Berichte mit statistischen Infos zu den beiden Stadtteilen. Das Projekt erhielt den Hamburger Stadtteilkulturpreis 2015.
Von & mit: *Esther Pilkington, Sibylle Peters. Mit Studierenden der HafenCity Universität/Kultur der Metropole.* ***PA:*** *Mariethers Jesse. In Kooperation mit dem Graduiertenkolleg* Versammlung & Teilhabe. *Mit Schüler*innen der Grundschule Ahrensburger Weg, Appelhoff u. a.* ***F:*** *TUSCH.* ***UA:*** *November 2014, FUNDUS THEATER | Forschungstheater.*

Graduiertenkolleg *Performing Citizenship*

Im Rahmen des am Forschungstheater angesiedelten Graduiertenkollegs werden zwischen 2014 und 2017 folgende Forschungsprojekte realisiert:
Die Schule der Mädchen I und II
Leitung: Maike Gunsilius. Wie performen und verändern Mädchen und Frauen ihre Bürgerinnenschaft in der postmigrantischen Gesellschaft?
Praktikumsbericht & Berufsorientierungsmesse
Leitung: Constanze Schmidt. Können Strategien der Performance die schulische Berufsorientierung verbessern?
Publikation: pab-research.de

2015

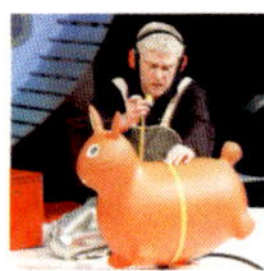

DA GEFAHR! 50 gefährliche Dinge, die Kinder unbedingt tun sollten

Wenn man forscht, also neue Dinge ausprobiert, lebt man

gefährlich. Das ist unvermeidlich. Für Kinder ist das oft selbstverständlich, für ihre erwachsenen Begleiter* innen ist es dagegen eine Herausforderung: Welche Gefahren gilt es zu meiden und welche zu erkunden? Wann wird Sicherheit selbst zur Gefahr? *DA GEFAHR!* lädt Kinder und Erwachsene dazu ein, gemeinsam Gefahr zu erforschen. Inspiriert durch das Buch *50 Dangerous Things (you should let your children do)* von Gever Tulley und Julie Spiegler entdeckt das Forschungstheater Gefahr als ein intergenerationales Forschungsfeld zwischen DIY und Live Art. Eingeladen zum Impulse Theater Festival 2017. Die Inszenierung wurde von Live Art Denmark übernommen.
Von & mit: *Hanno Krieg, Sibylle Peters* ***sowie*** *Greta Granderath, Guy Marsan.* ***K, T & R:*** *Sibylle Peters.* ***B, KO & RD:*** *Hanno Krieg.* ***VA & M:*** *Tanja Gwiasda.* ***KP:*** *The Unicorn Theatre, London.* ***F:*** *Behörde für Arbeit, Soziales, Familie und Integration.* ***UA:*** *Januar 2015, FUNDUS THEATER | Forschungstheater.* ***UA (englische Version):*** *Februar 2015, The Unicorn Theatre, London.*

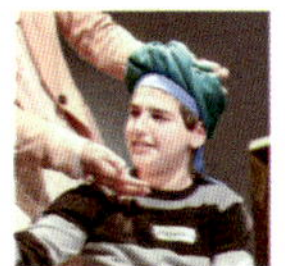

Ein HAARSALON. Zur Bedeutung der Haare

Zeigt man seine Haare, zeigt man sie nicht, wie verhüllt man sie und warum, zupft man sie, rasiert man sie, färbt man sie, darf man die Haare gar nicht schneiden oder nur mit einem bestimmten Schnitt – lang, kurz, abrasiert? In *Ein HAARSALON* geht es um die Funktion und Bedeutung von Haaren in verschiedenen Kulturen. Das Team des Haarsalons besteht aus Kindern, Künstler*innen, Friseur*innen, Wissenschaftler*innen und anderen Haarexpert*innen. Viele von ihnen haben Lust, mit ihren Haaren zu experimentieren, sie zu verändern, aber wie? Im Haarsalon werden dafür viele verschiedene Möglichkeiten angeboten. Es gibt Inputs von Kopftuch-Expert*innen und Kulturwissenschaftler*innen. Forschung am eigenen Kopf, bei der es für viele Kinder auch um Genderfragen geht.
Mit: *Elise von Bernstoff, Kathrin Dowratzek, Martin Grünheit, Hannah Kowalski, Andrea Kretschmer, Sibylle Peters, Christopher Weymann.* ***K & R:*** *Hannah Kowalski.* ***M:*** *Camilla Milena Feher-Ulrich.* ***PA:*** *Tobias Quack.* ***LD:*** *Frank Helmrich.* ***B:*** *Felicia Grau. Mit Schüler*innen des Europa Gymnasiums Hamm.* ***G:*** *Cagla Akcakil, Hamida Sarah Behr, Mehmet Cagribay, Songül Kanak, Graziella Grazia Lagona, Rabeya Müller, Zeynep Mutlu-Iskender.* ***F:*** *Zentrale für politische Bildung, TUSCH.* ***UA:*** *Juni 2015, FUNDUS THEATER | Forschungstheater.*

2016

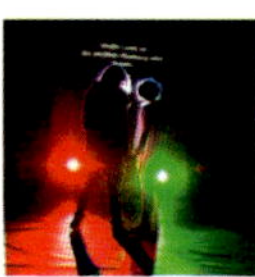

Mehr Licht. Von Wellen, Teilchen und der Angst im Dunkeln

Was ist eine Lichtwelle? Warum ist der Himmel blau? Können wir vor unserem Schatten weglaufen? Licht ist ein wenig wie Zauberei: Es lässt Dinge verschwinden und auftauchen, vertreibt böse Träume und ist schneller als alles andere. Im Theater ist Licht ein entscheidender Mitspieler. Deshalb

nutzt das Forschungstheater die Bühne, um das Licht selber zu untersuchen und spielend unter die Lupe nehmen, was Wissenschaft und Kunst, Kinder und Erwachsene am Licht fasziniert.
Mit: *Guy Marsan, Tobias Kleine, Hannah Kowalski.* ***K, T & R:*** *Hannah Kowalski.* ***LD:*** *Hans Leser.* ***M:*** *Tobias Kleine, Milena Pohl.* ***B:*** *Marie Roth, Hanno Krieg.* ***ART:*** *Tine Krieg.* ***WB:*** *Henri Kowalski, Marek Kowalski.* ***PA:*** *Hannah Berner.* ***F:*** *Behörde für Arbeit, Soziales, Familie und Integration.* ***UA:*** *Februar 2016, FUNDUS THEATER | Forschungstheater.*

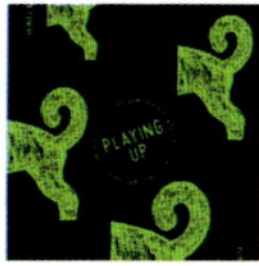

PLAYING UP. A Live Art Game for Kids & Adults

PLAYING UP ist ein Spiel, das Kinder und Erwachsene dazu einlädt, Aktionen aus der Geschichte der Performancekunst zu reenacten und Performancekunst als künstlerische Praxis neu zu entdecken: auf Autodächern liegen, mit Tieren tanzen, eine Ketchupschlacht veranstalten, einem zufällig Vorübergehenden durch die Stadt folgen, Erwachsene fernsteuern, eine eigene Sportart erfinden, Wunder suchen, elektrische Geräte auseinandernehmen, eine »Was-passiert-dann-Maschine« bauen und mehr. Auf Grundlage des Spiels wurden an vielen Orten der Welt öffentliche »PLAY-INs« durchgeführt. Das erste fand in der Turbine Hall der Tate Modern in London statt. Anlässlich des Erscheinens fand an der Tate Modern ein Symposium zum Thema »Live Art & Kids« und zur Arbeit des Forschungstheaters statt.
PLAYING UP. Das Spiel (englische Version): K & T: *Sibylle Peters.* ***GD:*** *David Caines.* ***DR & P:*** *Lois Keidan, LADA Live Art Development Agency, London.* ***P:*** *Susan Sheddan, Tate Modern, London.* ***F:*** *Tate, Live Art UK, Goethe-Institut, Best Biennial Schweden.*
PLAYING UP. Das PLAY-IN (englische Version): K: *Sibylle Peters.* ***B & RD:*** *Hanno Krieg.* ***Mit:*** *Jessie McLaughlin und Schüler*innen der Wapping High School.* ***UA:*** *April 2016, Tate Modern, London.*
PLAYING UP. Das Spiel (deutsche Version) *und* ***PLAY-INs (deutsche Version): Mit:*** *Gyde Borth, Friederike Dunger, Kristin Grün, Hanno Krieg, Christopher Weymann.* ***GD:*** *Maja Bechert.* ***P:*** *Hanno Krieg.* ***F:*** *Kulturstiftung des Bundes.*
Publikationen: *PLAYING UP. A Live Art Game for Kids and Adults*, London 2016 (engl. Version). *Playing Up. Performancekunst für Kinder und Erwachsene*, Hamburg 2017 (dt. Version)

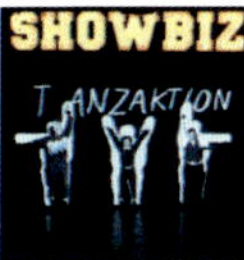

There's No Business Like Showbusiness

Wenn Kinder am Theater beteiligt werden, stehen sie meist auf der Bühne. In diesem Projekt haben sie eine andere Rolle: Sie sind Programmdirektor*innen. In der einleitenden Show erhalten jeweils zwei Schulklassen einen Crashkurs in Sachen Theaterleitung und einen Koffer mit 3000 Euro in bar. Von diesem Geld, so die Aufgabe, sollen die Kinder über zwei Monate eine eigene Show im Forschungstheater programmieren. Die Kinder pitchen Ideen und stimmen darüber ab. Das Forschungstheater-Team wird zur Produktionsassistenz

und hilft, die Entscheidungen der Programmdirektor*innen umzusetzen. Das Team wünscht sich eine Forschung zur Ökonomie der Kulturproduktion und macht dazu ein begleitendes Symposium. Die neuen Programm-Direktor*innen dagegen interessieren sich für Spinnen, Hundewelpen, Fußball, Hotelübernachtungen, YouTube-Stars, Geburtstagsfeiern, Einhörner, Splatter und Süßigkeiten. All das und mehr muss auf die Bühne. Wie verwandelt sich Geld in Theater?
Von & mit: *Hannah Kowalski, Hanno Krieg, Eva Plischke, Sibylle Peters, Christopher Weymann* ***sowie*** *Greta Grandérath, Guy Marsan.* ***K & R:*** *Sibylle Peters.* ***B:*** *Hanno Krieg.* ***ART:*** *Armin Chodzinski.* ***RD:*** *Tanja Gwiasda.* ***DT:*** *Leonard Gwiasda.* ***LD:*** *Frank Helmrich.* ***PA:*** *Svea Kruse. Von und mit Schüler*innen der Schulen Vizelinstraße, Appelhoff, Burgunderweg, Stadtteilschule Niendorf und Louise Weiss Gymnasium.* ***G:*** *Joachim Hecker, Johannes Flum, Spinne Cosima, Hund Suri, Roboter Alphi, Mico Hucko, Cornelia May, Rita Kohel, Gerd Horn u. a.* ***F:*** *PwC-Stiftung, Hamburgische Kulturstiftung.* ***UA:*** *Oktober 2016, FUNDUS THEATER | Forschungstheater.*

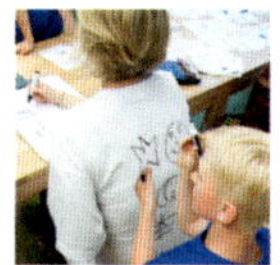

My Very First Piece of Live Art

Im Zuge einer Residency in der Live Art Development Agency, London, bittet Sibylle Peters Performancekünstler*innen aus UK, sich an ihre Kindheit zu erinnern: Gab es Praktiken, Spiele und Aktionen, die sie im Nachhinein als Performancekunst lesen können? Was könnte, in diesem Sinne, ihr »Very First Piece of Live Art« gewesen sein? Die beteiligten Künstler*innen werden eingeladen, ihr *very first piece* im Studio zu reenacten. Die Reenactments werden per Video dokumentiert. Joshua Sofaers Reenactment und ein begleitender Text von Sibylle Peters werden im Kontext von *PLAYING UP* online publiziert.
K: *Sibylle Peters.* ***P:*** *Lois Keidan, Live Art Development Agency.* ***Mit:*** *Anne Bean, Cara Davies, Richard DeDomenici, Joshua Sofaer, Pete Kennedy, Andy Field, Ansuman, Oshin und Uma Biswas.* ***UA:*** *Dezember 2016, Live Art Development Agency, London.*

2017

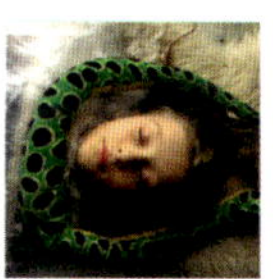

Das Orakel von Delphi. Experimentelle Zukunftsvorhersagen

Jim Anton und Mika Duric sind zehn und elf Jahre alt und Expert*innen für griechische Mythologie. Sie wissen, dass das Orakel von Delphi einst für die Mitte der Welt gehalten wurde. Sie wissen, dass zum Orakel eine Ziege, eine heilige Quelle, ein Krug mit schwarzen und weißen Bohnen, ein dreibeiniger Schemel und ein Trance erzeugendes Element nötig sind. Kann man die Zukunft vorhersagen, wenn man sich an die überlieferte Prozedur hält? Kinder und Erwachsene stellen dem Orakel Fragen. Mithilfe eines selbstentwickelten Systems, das Symbole und Steine mit Zufall und Bohnenlos kombiniert, erstellt das kindliche Orakel überraschende Antworten. Das Bühnenbild der Performance ist ein

riesiges Pop-up-Buch, das in das Bühnenbild der Inszenierung *Caveland* von Philippe Quesne hineingestaltet ist.
Von & mit: *Jim Anton, Matthias Anton, Mika Duric, Sibylle Peters.* ***B:*** *Matthias Anton.* ***P:*** *Sibylle Peters.* ***UA:*** *April 2017, Künstlerhaus Mousonturm.*

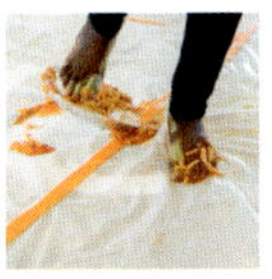

KAPUTT. Academy of Destruction

Warum dürfen wir nichts kaputtmachen, andere aber schon? Wer entscheidet, was Zerstörung ist und was Gestaltung? Um solche Fragen zu klären, wird die Akademie der Zerstörung gegründet. Sie besteht aus sechs Kindern und sechs erwachsenen Künstler*innen als gleichberechtigten Professor*innen. Vier Tage lang kommen die Akademiemitglieder zusammen, sprechen über Zerstörung und erproben Zerstörungsstrategien. Die Sessions der Akademie sind öffentlich und laden zum Mitmachen ein. Gemeinsam produzieren Kinder und Erwachsene ein Videomanifest der kreativen Zerstörung. Besucher*innen können ein Diplom machen und das Archiv der Zerstörungskunst (bereitgestellt von der Live Art Development Agency) besuchen. Die Akademie ist dem Gedenken Gustav Metzgers (1926–2017) gewidmet: Kann es mithilfe der Kunst gelingen, Zerstörung in einem anderen Licht zu sehen? Die Akademie wurde in London und Hamburg mit jeweils unterschiedlichen Professor*innen durchgeführt. Im Anschluss wurde die KAPUTT-Werkstatt entwickelt – eine Art »Best-of« der Akademien – eine Workshop-Performance, die in die Kunst der Zerstörung einführt. Die KAPUTT-Werkstatt wurde von Live Art Denmark übernommen und neu interpretiert.
K & R: *Sibylle Peters.*
Version London: P: *Lois Keidan, Live Art Development Agency, und Susan Sheddan, Tate Modern.* ***Mit:*** *Ansuman Biswas, Gurrubie, Jazsam, Zoe Laughlin, Martin O'Brien, Red Pool, Heike Roms, R. P. H. D., Malik Nashad Sharpe, Slenjiba, Tolu.* ***PA:*** *Hester Chillingworth, Fidget Zalla und Tyrell, the Acrobatic Zombie Killer.* ***V & S:*** *Katharina Duve.* ***UA:*** *Oktober 2017, Tate Modern, London.*
Version Hamburg: Mit: *Abraham, Matthias Anton, Armin Chodzinski, Kai van Eikels, John, Jolina, Hannah Kowalski, Hanno Krieg, Marie, Eva Meyer-Keller, Mischa, Sammy, Studio C.A.R.E.* ***sowie*** *Gyde Borth, Christopher Weymann.* ***V & S:*** *Katharina Duve.* ***UA:*** *Mai 2018, FUNDUS THEATER | Forschungstheater, im Rahmen des TRANSGENERATOREN-Festivals.*
KAPUTT-Werkstatt: Von & mit: *Sibylle Peters und Hanno Krieg* ***sowie*** *Guy Marsan.* ***F:*** *Berit und Rainer Baumgarten Stiftungsfonds unter dem Dach der Hamburgischen Kulturstiftung.*
Publikation: *KAPUTT Videomanifest 1 & 2,* Mediathek FT

2018

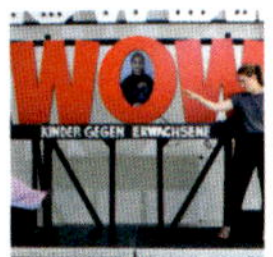

Truth or Dare, Kids vs. Adults / WOW: Wahrheit oder Wagnis (Kinder vs. Erwachsene)

Wenn Erwachsene Kindern die Welt nicht mehr erklären können, ist es

Zeit, gemeinsam etwas zu wagen. Wahrheit und Wagnis – darum geht es im Forschungstheater häufig. Und darum geht es auch in dem berühmten Spiel, das für diese Performance leicht abgewandelt wird: Hier befragen und fordern Kinder die Erwachsenen und Erwachsene die Kinder heraus. Für das Videoarchiv werden Kinder und Erwachsene aus Melbourne (Australien) und Hamburg um Fragen und Instruktionen gebeten. Auf der WOW-Bühne stehen 100 Fragen und Instruktionen nebst nötigen Requisiten bereit: Dance like ants in your pants!
Von & mit: *Sibylle Peters, Heinrich Mandt.* ***K:*** *Sibylle Peters.* ***B:*** *Micha Long, Hanno Krieg.* ***V:*** *Heinrich Mandt.* ***P & F:*** *Melbourne Fringe Festival.* ***UA:*** *September 2018, Melbourne Fringe Festival.*

2019

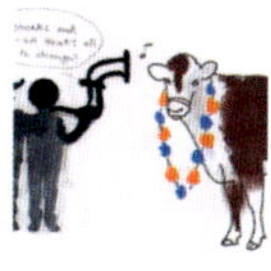

Animals of Manchester (including HUMANZ)

Im Park rund um die Whitworth Gallery in Manchester wird eine heterotopische Zone eingerichtet: der performative Entwurf einer alternativen Stadt, in der alle Tiere, Menschen inbegriffen, gleiche Rechte haben. Fast 100 Künstler*innen, Kinder und Tier-Expert*innen erforschen – gemeinsam mit nichtmenschlichen Tieren –, wie Agency zwischen Menschen und anderen Tieren anders verteilt werden kann: wie zum Beispiel in der Menschenschule, in der Hunde die Menschen unterrichten, im Käferkino oder im Wald der ausgestorbenen Arten. Zwei Kühe sind Bürgermeister*innen und stehen dem Geschehen in der Town Hall vor. In der Life Art Library sind Dokumente zur Zusammenarbeit von Menschen und Tieren in der Performancekunst gesammelt. Kinder und Künstler*innen würdigen Tiere als Künstler*innen im Pantheon of Performing Animals. Besucher*innen können Mitglied der alternativen Stadt werden und ihren menschlichen Privilegien abschwören.
K & R: *Sibylle Peters, Lois Keidan.* ***Von & mit:*** *Jack Ashby, Philippa Barr, Alex Bailey, Angela Bartram, Ansuman Biswas, David Caines, Rebecca Chesney, Marcus Coates, Laura Cull ó Maoilearca, Katharina Duve, Andy Field, Wendy Gibson, Anthony Hall, Maximilian Haas, How About Studio, Krõõt Juurak, Daniel Ladnar, Dmitri Logunov, London Fieldworks, Kerry Morrison, Martin O'Brien, Kira O'Reilly, Adam O'Riordan, Esther Pilkington, Benji Reid, Barbara Roberts, Joshua Sofaer, Tim Spooner, David Weber-Krebs, Christopher Weymann, Schüler*innen des Greater Manchester Home Educators Network, Schüler*innen der Holy Trinity CE Primary School u. v. a.* ***P:*** *Manchester International Festival & Live Art Development Agency.* ***UA:*** *Juli 2019, Manchester International Festival.*

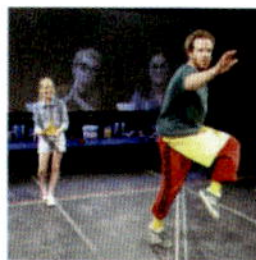

Auf Zucker. Ein Selbstversuch in sieben Süßigkeiten

Zucker wird geliebt, um Zucker wird aber auch gekämpft – Kinder auf der einen Seite, Erwachsene auf der anderen. Das Team untersucht, warum der Zucker eine solche Macht hat, und zwar im

Selbstversuch. Anhand von sieben Süßigkeiten wird gemeinsam mit dem Publikum herausgefunden: Was genau ist eigentlich Zucker und wie entsteht er? Kann man ihn tanzen? Was erleben wir im Zuckerrausch, und warum wollen wir immer mehr davon? Welche Süßigkeiten essen Kinder in Gambia? Seit der Zeit, als er noch ein indisches Gewürz war, war der Zucker überall dabei: Auf dem Schiff, mit dem Christopher Columbus angeblich die Zuckerinseln entdeckte, in der Geschichte der Sklaverei und auch in ganz normalen Rüben.

Von & mit: *Moritz Frank Helmrich, Hanno Krieg, Sibylle Peters, Bakary Trawally.* ***K, T & R:*** *Sibylle Peters.* ***B & V:*** *Hanno Krieg.* ***CH:*** *Moritz Frank Helmrich.* ***Mit:*** *Btissam Akka, Jim Anton, Alexander Nahm, Miro Paschmann.* ***M:*** *Bakary Trawally, Tanja Gwiasda.* ***LD:*** *Frank Helmrich.* ***PA:*** *F. R. Sobbe.* ***KP:*** *Zürcher Theater Spektakel.* ***F:*** *Bundeszentrale für politische Bildung, Alfred Toepfer Stiftung F. V. S.* ***UA:*** *September 2019, FUNDUS THEATER | Forschungstheater.*

2020

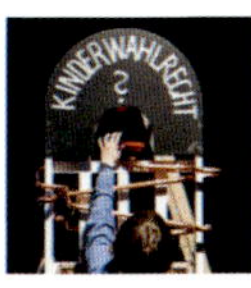

Das Kinderwahlbüro

Gemeinsam mit zwei Schulklassen wird im Herbst 2019 zum Thema Kinderwahlrecht gearbeitet und experimentiert. Dabei zeigt sich: Kinder wollen die globalen und lokalen Entscheidungen der Welt mitgestalten. Zugleich werden sie von politischen Parteien kaum adressiert. Das Kinderwahlbüro wird zur Hamburger Bürgerschaftswahl eröffnet. Hier kann man politische Forderungen basteln, Bürgermeister*innenreden halten und seine Stimme abgeben. Das Kinderwahlbüro will der Forderung nach einem Kinderwahlrecht eine Bühne und einen Raum geben. Was würde sich ändern, wenn die Zukunft selber über ihre Zukunft entscheiden könnte? Wie würde sich Politik ändern, wenn Kinder wählen dürften? Mit Mitteln von Performance und Theater erstellt das Kinderwahlbüro spielerisch eine Prognose dazu.

Von & mit: *Hannah Kowalski, Christopher Weymann.* ***B:*** *Hanno Krieg.* ***LD:*** *Frank Helmrich.* ***G:*** *Anna Braam.* ***WB:*** *David Kress.* ***Mit:*** *Kinderbotschafter*innen von Plant-for-the-Planet, Politiker*innen aller Parteien.* ***LD:*** *Frank Helmrich. Mit Schüler*innen der STS Niendorf und der Freien Schule Fleks.* ***F:*** *TUSCH, Deutsches Kinderhilfswerk, Aktion Mensch.* ***KP:*** *PROFUND Kindertheater e. V.* ***UA:*** *Januar 2020, FUNDUS THEATER | Forschungstheater.*

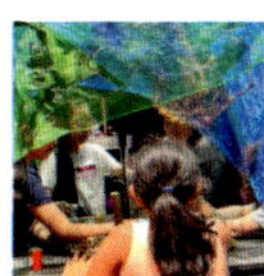

DAS VR-LABOR

Das VR-Labor ist ein technisches Setup zur Gestaltung von Modell-Räumen, die dann so aufgezeichnet werden, dass man sie, nach kurzer Programmierzeit, im VR-Modus betreten kann. Zunächst diente es den Kindern dazu, in selbst zusammengestellte Spielewelten einzutauchen. 2023 entstand das VR-Labor der IT-Hexen und Tech-Wizards. Das VR-Labor wurde 2022 auch in der *Wunschproduktion Kindertheater* eingesetzt.

K & R: *Christopher Weymann.* ***DT:*** *Alexander Nahm, Gloria Schulz.* ***Mit:*** *Sara*

Fartuun Heinze, Christiane Schwinge u. a. ***RD:*** *Tanja Gwiasda, Hanno Krieg.* ***DR:*** *Sylvie Deinert.* ***F:*** *Fonds Darstellende Künste; Kulturstiftung der Länder, Beauftragte der Bundesregierung für Kultur und Medien.* ***UA:*** *März 2020, FUNDUS THEATER | Forschungstheater.*

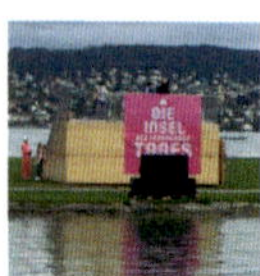

Die Insel des kommenden Tages

Wer hätte es für möglich gehalten, dass die Schulen von einem Tag auf den anderen geschlossen werden, dass Großeltern ihren Enkeln nur noch vom Balkon aus zuwinken dürfen, dass Öl plötzlich billig wird und Gesundheit wichtiger ist als Geld? Niemand! Das Team lädt Kinder ein zu ergründen, was es für unsere Zukunft bedeutet, dass in der Corona-Zeit das Wahrscheinliche plötzlich unwahrscheinlich geworden ist und das Unwahrscheinliche wahrscheinlich. Die kleine Saffa-Insel im Zürichsee wird zur »Insel des kommenden Tages«, ein Zukunftslabor, zu dem nur Kinder Zutritt haben und das mittels einer Uhr aus beinahe echten Einhörnern durch die Zeit reist. Die teilnehmenden Kinder tanzen sich mit dem Wolkentanz in Trance. Sie braten über dem Feuer Stangenbrot und beraten, was vergehen wird, was bleibt und wie die Zukunft wohl riecht und schmeckt. Und wenn die Zeit gekommen ist, besteigen sie jeweils zu zweit den Turm der Insel und senden ihre Prophezeiungen für Zürich und die Welt zurück ans Ufer.

Von & mit: *Ansuman Biswas, Moritz Frischkorn, Hannah Kowalski, Sibylle Peters, Bakary Trawally, Louise Vind Nielsen.* ***K & R:*** *Sibylle Peters.* ***CH:*** *Moritz Frischkorn.* ***M:*** *Louise Vind Nielsen, Ansuman Biswas.* ***P & F:*** *Zürcher Theater Spektakel.* ***UA:*** *August 2020, Zürcher Theaterspektakel.*

2021

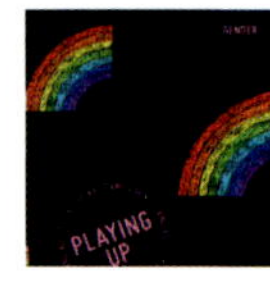

PLAYING UP Gender

PLAYING UP Gender ist eine Erweiterung des *PLAYING-UP*-Spiels von 2016 – eine Edition, die sich ganz auf neuere Performances rund ums Thema Gender fokussiert. *PLAYING UP Gender* lädt dazu ein, Geschlechterrollen mit den Mitteln der Performancekunst zu erforschen und zu verändern. Das Spiel besteht aus zwölf Karten, die jeweils von einer Performance erzählen. Die Karten geben außerdem jeweils eine Anweisung, mittels derer die Spielenden die Performance selbst reenacten und erleben können. Das Spiel umfasst zwölf Performances aus der jüngsten Vergangenheit und verbindet sie mit Einblicken in die turbulente Geschichte von Performancekunst und Gender. Die zwölf Karten sind designt und zusammengestellt, um ein weites Genderspektrum zu repräsentieren, und zeigen Performancekunst als Fluchtweg aus der »Gender-Binarität«. Die Karten können kostenfrei von der Website gender.playingup.de heruntergeladen werden. Das Forschungstheater führt rund um die Karten Workshops und von der Ballroom-Szene inspirierte Tanz-Veranstaltungen durch.

K & T: *Sibylle Peters.* ***P:*** *Christopher Weymann.* ***Mit:*** *Friederike Dunger,*

Negar Foroughanfar, Ellen Friis, Kristin Grün, Maike Gunsilius, Lois Keidan, Finn Love, Jessie McLaughlin, Heike Roms, Susan Sheddan, Sonja Schütte, Henrik Vestergaard, Kristin Westphal. ***GD:*** *David Caines.* ***Website:*** *Gloria Schulz.* ***V:*** *Robin Alberding, Micha Kranixfeld, Janina Laßmann, Victoria Schrade, Kerstin Oppermann.* ***F:*** *Fonds Darstellende Künste.* ***UA:*** *2021, Bundeskunsthalle.*
Publikation: gender.playingup.de

2022

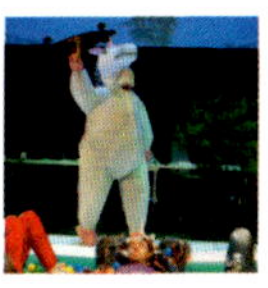

Wunschproduktion Kindertheater. Die Belastungsprobe

Mithilfe des VR-Labors können Schulklassen die neue Bühne des Forschungstheaters virtuell betreten, während sie in Wirklichkeit noch im Bau ist. Mehr noch: Sie können das Modell der Bühne selbst einrichten und dann in das von ihnen entworfene Szenario eintauchen. Das Team nutzt diesen Aufbau für eine Wunschproduktion: Was soll im neuen Kindertheater auf der Bühne entstehen? Mehrere Dutzend Wunschszenarien werden gesammelt/entwickelt und per Audio dokumentiert. Dieses Material wird zum Ausgangspunkt der Performance *Die Belastungsprobe*: Die Bühne ist fertig und nun gilt es, die Wunschszenarien in die szenische Wirklichkeit zu bringen. Ein interdisziplinäres Künstler*innen-Team entwickelt drei verschiedene Aufführungen, die alle eine Probe sind und zugleich eine Probe der neuen Theatermaschine: Licht, Sound, Positionen – was geht? Die Künstler*innen sitzen am Dramaturgietisch zusammen, hören die Audioaufnahmen der Kinder und entwerfen die Szenen live. Viele Szenarien holen das Publikum auf die Bühne. Ein wilder Mix aus Parcours, virtuellem Fußball, Unterwasserwelten, Wellnesstheater und Interviews entsteht. Kinder und Politiker*innen diskutieren im Bällebad über den Klimawandel, im Safer Space wird Regenbogentorte gegessen, und Kinder ohne Kopf planen die Akademie des Horrors. Mit einem »Best-of« der Belastungsproben wird das neue Kindertheaterhaus eröffnet.
Von & mit: *Hannah Kowalski, Sibylle Peters, Charlotte Pfeifer, Michael von Schönberg, Christiane Schwinge, Bakary Trawally, Lil Twills, Christopher Weymann.* ***K:*** *Sibylle Peters.* ***DT:*** *Christopher Weymann, Alexander Nahm, Gloria Schulz, Christiane Schwinge.* ***M:*** *Lil Twills.* ***RD:*** *Michael von Schönberg, Tanja Gwiasda, Sylvia Celer.* ***F:*** *Fonds Darstellende Künste.* ***KP:*** *PROFUND Kindertheater e. V.* ***UA:*** *Mai 2022, FUNDUS THEATER | Forschungstheater.*

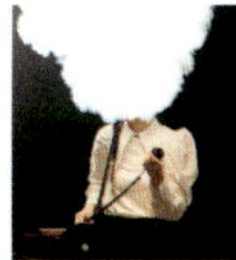

Soundcheck Schule

In diesem Projekt des Forschungstheaters verwandelt sich unser Team in das »Institut für Sound und außergewöhnliche Musik« und wird zu einer Art Radiostation. Mit Kopfhörern und Mikrofonen stellt das Institut eine *augmented* Audio-Verbindung zu Hamburger Schulen her und zeichnet mithilfe der Schüler*innen den Sound der Schule auf: Pause und Stunde, laut und leise, Rhythmus und Chaos, wo klingt es gut, wer wird überhört und was wäre, wenn der Sound

der Schule selbst Musik wäre? Um das herauszufinden, lädt das Institut die Schule anschließend ins Theater ein, und zwar zum Schulkonzert. Gemeinsam mit Soundkünstler*innen führt das Team des Forschungstheaters den Sound der Schule auf – komplett mit Konzertpianistin und Schultisch, Megafonchor, Klingelton und Mini Lectures über Schreien und Krach in Musik und Schule. Wie bei *Schuluhr & Zeitmaschine* oder *Die Spukversicherung* gilt auch hier: Jede Vorstellung ist einmalig – für jede Schule ein Konzert.
Von & mit: *Hannah Kowalski, Louise Vind Nielsen, Christopher Weymann.* ***K:*** *Hannah Kowalski.* ***R & T:*** *Sibylle Peters.* ***M:*** *Louise Vind Nielsen, Sylvi Kretzschmar, Alexander Nahm.* ***CH:*** *Sylvi Kretzschmar.* ***KO:*** *Pauline Hüners.* ***LD:*** *Frank Helmrich, Nicolas Wolf.* ***DT:*** *Christopher Weymann, Alexander Nahm. Entwickelt mit Schüler*innen der Grundschule Bindfeldweg und der STS Niendorf.* ***F:*** *TUSCH, Musikfonds, Projektfonds Kultur und Schule.* ***UA:*** *Oktober 2022, FUNDUS THEATER | Forschungstheater.*

2023

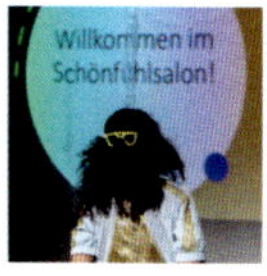

Der Schönfühlsalon

Die Theaterberater*innen – eine Gruppe von Kindern mit Rassismus-Erfahrung – schlagen dem Theater einmal im Jahr neue Projekte vor. Etwa ab der vierten Klasse geht er los, der Trouble mit der Schönheit, und hört dann eigentlich nie wieder richtig auf. Viele Kinder und Erwachsene fühlen sich oft nicht so schön. Warum ist das so? In *Der Schönfühlsalon* erzählt das Team von eigenen Kindheitserfahrungen. Rassismus und Sexismus spielen dabei eine Rolle. Was kann das Theater, was kann Performance gegen das Schönheitsregime und dafür tun, dass wir uns alle schöner fühlen? Gemeinsam mit den Besucher*innen versucht das Team, das Schönfühlometer nach oben zu treiben: Gelingt ein Ausbruch kollektiver Schönheit, oder wollen wir lieber mal hässlich sein dürfen?
K: *Eleni Karagiannis, Mariam Ismail, Gloria Asare.* ***Von & mit:*** *Brenda Alaís, Hannah Kowalski, Alexandra Owusu, Sibylle Peters, Christopher Weymann.* ***M:*** *Sarife Afonso.* ***B:*** *Iris Holstein.* ***KO:*** *Tanja Gwiasda.* ***PA:*** *Kerstin Oppermann, Dorothea Kuhs.* ***LD:*** *Nicolas Wolf.* ***G:*** *allapop, Kai van Eikels, Gloria Schulz, Christiane Schwinge, Mariella Georg, Henrike Iglesias & Theater HORA, Josep Caballero Garcia, Sara Fartuun Heinze, Patricia Carolin Mai.* ***F:*** *Das Zukunftspaket, Bundeministerium für Familie, Senioren, Frauen und Jugend.* ***UA:*** *September 2023, FUNDUS THEATER | Forschungstheater.*

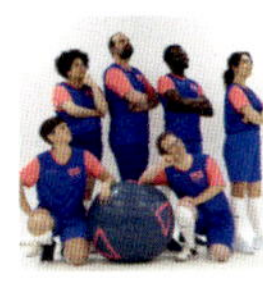

FC FUNDUS

Auch der *FC FUNDUS*, ein antirassistischer Fußballverein, wurde von den Theaterberater*innen in Auftrag gegeben, denn, da sind sich die Theaterberater*innen und Bertolt Brecht einig: Theater muss wie Fußball sein. Die Spieler*innen des *FC FUNDUS* lieben Fußball, hatten aber Schwierigkeiten ihrer Leidenschaft nachzugehen: Als Mädchen

wurden sie aus gemischten Teams gemobbt oder Fußball war ganz verboten, so wie in Gambia oder für Mädchen im Iran. Der *FC FUNDUS* fordert Schulklassen zum Match heraus und spielt elf performative Halbzeiten, in denen jeweils etwas anders Fußball gespielt wird: zum Beispiel mit verbundenen Augen, als menschlicher Kicker, mit sechs Toren. In den Pausen erzählen die Mitglieder des *FC FUNDUS* ihre Fußballgeschichte, und wenn ein Foul passiert, muss alles in Zeitlupe noch einmal wiederholt werden.
***K:** Isaiah Borquaye, Hamza Cagala, Zion Boateng Sarkodie-Konadu, Daniel Strelka. **Von & mit:** Brenda Alais, Cennet Alkan, Friederike Dunger, Negar Foroughanfar, Kristin Grün, Paul Schröder, Christopher Weymann. **K & R:** Christopher Weymann. **DR:** Sibylle Peters. **F:** Stiftung Fußball & Kultur EURO 2024 und die Bundesregierung. **UA:** November 2023, Michael Schule Harburg.*

2024

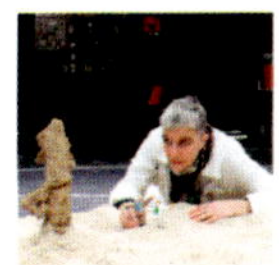

1400 Tonnen Sand (oder warum dem Sandmann die Träume ausgehen)

Sand gibt's wie Sand am Meer, oder? Tatsächlich wird er langsam knapp, weil so viele Häuser damit gebaut werden. Auch die neue Bühne des Forschungstheaters ist aus 1400 Tonnen Sand gebaut! Zeit, ein Stück über Sand zu machen und genau hinzuschauen: Sand ist ein Material, das Kinder und Erwachsene in besonderer Weise verbindet. Aus Sand werden Welten erschaffen: nicht nur in den Städten, sondern auch in Abertausenden von Sandkisten, in denen Kinder sich alltäglich als Erbauer*innen, Erfinder*innen, aber auch als Geschichtenerzähler*innen und Performer*innen ausprobieren. Hast du schon mal Sand durch ein Mikroskop angeschaut und die winzigen Bärchentiere gesehen, die auf den Sandkörnern wohnen? Wusstest du, dass auch die Linse des Mikroskops aus Sand gemacht ist? Und was wäre, wenn dem Sandmann der Sand ausginge? Der Bühnen-Performance ging ein intergenerationaler Forschungsprozess voraus, in dessen Mittelpunkt die Experimental-Sandkiste (Platz der Kinderrechte, September 2023) stand.
***Von & mit:** Hanno Krieg, Weloba Mtaki, Sibylle Peters. **K, T & R:** Sibylle Peters, Hanno Krieg. **B:** Hanno Krieg. **ART:** Zoe Laughlin, Institute of Making. **DR:** Lois Keidan. **PA:** Frida Stein. **M:** Ansuman Biswas. **LD:** Nicolas Wolf. Experimental-Sandkiste in Zusammenarbeit mit Studierenden der Hochschule Osnabrück und der Queen Mary University of London. **F:** Jupiter-Programm, Kulturstiftung des Bundes. **UA:** Februar 2024, FUNDUS THEATER | Forschungstheater.*

Auswahl wissenschaftlicher Publikationen des Forschungstheater-Teams

geheimagentur & Club der Autonomen Astronauten: »Das Planetarische als Wunschproduktion. Skript und Foto-Essay«, in: Ulrike Bergermann, Isabel Otto, Gabriele Schabacher (Hg.): *Das Planetarische. Kultur – Technik – Medien im postglobalen Zeitalter*, München: Fink 2010, S. 119–139.

Sibylle Peters: *Der Vortrag als Performance*, Bielefeld: transcript 2011.

Sibylle Peters: »Theoriebezug: Echte und andere Piraten – Forschen im Grenzgebiet. Zur Arbeit des Forschungstheaterprogramms im FUNDUS THEATER« und »Praxisbeispiel: Forschungstheater im FUNDUS THEATER und Schule Beim Pachthof: *Kinder testen Schule* und *Anleitung zur Wundersuche*«, in: Wolfgang Sting, Gunter Mieruch, Eva Maria Stüting, Anne Katrin Klinge (Hg.): *TUSCH: Poetiken des Theatermachens. Werkbuch für Theater und Schule,* Kulturelle Bildung Vol. 27, München: kopaed 2012, S. 137–158.

Hannah Kowalski: »Warum Forschen? Möglichkeiten des Szenischen Forschens am Beispiel des Forschungstheaters«, Masterarbeit, 2012, https://www.fundus-theater.de/fileadmin/user_upload/Fundus_Theater/Dokumente/MasterarbeitHannahKowalski.pdf

Sibylle Peters (Hg.): *Das Forschen aller. Artistic Research als Wissensproduktion zwischen Kunst, Wissenschaft und Gesellschaft*, Bielefeld: transcript 2013.

Sibylle Peters: »Die Spukversicherung. Ein Forschungsprozess im FUNDUS THEATER Hamburg. Unwahrscheinliche Unternehmungen«, in: Ute Pinkert (Hg.): *THEATER PÄDAGOGIK am THEATER. Kontexte und Konzepte von Theatervermittlung*, Berlin: Schibri-Verlag 2014, S. 48–156.

Regula Burri, Kerstin Evert, Sibylle Peters, Esther Pilkington, Gesa Ziemer (Hg.): *Versammlung und Teilhabe. Urbane Öffentlichkeiten und performative Künste*, Bielefeld: transcript 2014, darin, u. a.: Hannah Kowalski: »Kollektive Entscheidungen und ihre performative Dimension«, S. 173–196.

Sibylle Peters: »Zur Kunst des Messens. Ein Bericht aus dem Forschungstheater«, in: Kathrin Busch (Hg.): *Anderes Wissen. Kunstformen der Theorie*, Stuttgart: Brill 2016, S. 318–338.

geheimagentur, Martin Schäfer, Vassilis Tsianos (Hg.): *The Art of Being Many. Towards a New Theory and Practice of Gathering*, Bielefeld: transcript 2016.

Sibylle Peters: *Performing Research. How to conduct research projects with kids and adults using Live Art Strategies,* Toolkit, Online-Resource, London Live Art Development Agency 2017. https://www.thisisliveart.co.uk/wp-content/uploads/uploads/documents/SYBILLE_TOOLKIT_WEB.pdf

Paula Hildebrandt, Kerstin Evert, Sibylle Peters, Mirjam Schaub, Kathrin Wildner, Gesa Ziemer (Hg.): *Performing Citizenship. Bodies, Agencies, Limitations*, London: Palgrave MAcmillan 2018.

Marion Digel, Sebastian Goldschmidtböing, Sibylle Peters (Hg.): *Searching for Heterotopia. Andere Räume gestalten*, Hamburg: adocs 2019.

Hannah Claire Kowalski: *Das Theater der Entscheidung. Die Rolle des Performativen beim Abstimmen*, Doktorarbeit, 2018, https://repos.hcu-hamburg.de/handle/hcu/512.

Hannah Claire Kowalski: »Science on Stage. Quantenphysik und Molekularexperimente für Kinder von 3–10 am FUNDUS THEATER/THEATRE OF RESEARCH«, in: Ulrich Gebhard, Britta Lübke, Dörthe Ohlhoff, Malte Pfeiffer, Wolfgang Sting (Hg.): *Natur – Wissenschaft – Theater. Performatives Arbeiten im Fachunterricht*, Weinheim/Basel: Beltz Juventa 2019, S. 83–95.

Sibylle Peters, Kerstin Evert, Maike Gunsilius, Sebastian Matthias, Kathrin Wildner (Hg.): *Participatory Art Based Research*, Online-Ressource, 2021: https://pab-research.de/

Maike Gunsilius, Hannah Kowalski: *Handeln. Entscheiden. Performen. Künstlerische Forschung mit Kindern*, Bielefeld: ATHENA/wbv 2021.

Sibylle Peters: *Verändert die Welt! Ein Forschungsbuch für Kinder & Erwachsene*, Hamburg: FUNDUS THEATER | Forschungstheater 2023.

Das Foto auf Seite 42 zeigt einige Mitglieder des aktuellen Teams des FT: Sibylle Peters, Axel Hampe, Gundula Hölty, Jakob Veselov, Juliane Kruppke, Nicolas Wolf, Christopher Weymann, Susanne Martens, Hanno Krieg, Hannah Kowalski, Isabell Raab, Kerstin Oppermann, Martina Schröder, Brenda Alaís und Andrea Kretschmer.

Bildnachweise: Matthias Anton: S. 105, 117#3, 119#1 | Maja Bechert (Design): 63, 64, 117#2, 119#3, 122#1 | Gyde Borth: 57 | Angela von Brill: 79 | David Caines (Design): U2, U3, 44, 84–95, 98–101, 125#1, 128#1, 130#2 | Ellen Coenders: 80, 120#1 | Armin Chodzinski: 118#1 | Michael Coester: 2–3, 121#1 | Ludo Des Cognets: 1, 73, 123#2 | FUNDUS THEATER | Forschungstheater: 42, 83, 123#1 | Kristin Grün: 144–145 | Hanno Krieg: 8–9, 12–13, 25, 26, 64, 109, 110, 117#1, 119#2, 120#2, 127#2, 128#2, 130#1, 150–151 | Svea Kruse: 125#2 | Daniel Ladnar: 60, 132#1 | Heinrich Mandt: 74 | Chris Payne: 45, 137 | Sibylle Peters: 126#2 | Jens Jakob de Place: 118#2 | Thies Rätzke: 138–139 | Martina Schröder: 148–149 | Christiane Schwinge: 67 | Tate Photography: 14–15, 32, 127#1 | Margaux Weiß: 4, 5, 6–7, 10–11, 16–17, 37, 52, 106, 114, 122#2, 124#1, 124#2, 126#1, 129#1, 131#1, 131#2, 132#2, 133#1, 140–141, 142–143, 146–147, 152 | Christopher Weymann: 113, 129#2 | Wir haben uns bemüht, die Rechteinhaber der Abbildungen ausfindig zu machen. Sollten dennoch Rechte unberücksichtigt geblieben sein, bitten wir darum, sich beim Verlag zu melden.

Band 10 der Publikationsreihe »Postdramatisches Theater in Portraits« der Kunststiftung NRW im Alexander Verlag Berlin. Sie wird herausgegeben von Florian Malzacher, Aenne Quiñones und Kathrin Tiedemann.

Kunststiftung
NRW

Bereits erschienen:
Gob Squad – *What are you looking at?*, hg. von Aenne Quiñones
Gintersdorfer/Klaßen – *Eleganz ist kein Verbrechen*, hg. von Kathrin Tiedemann
andcompany&Co. – *the & of history*, hg. von Florian Malzacher
Rimini Protokoll – *welt proben*, hg. von Christine Wahl
She She Pop – *Mehr als sieben Schwestern*, hg. von Aenne Quiñones
Boris Nikitin – *Das Gegenteil der Dinge*, hg. von Florian Malzacher
Claudia Bosse – *Kein Theater. Alles möglich*, hg. von Fanti Baum und Kathrin Tiedemann
deufert & plischke – *Durcheinander*, hg. von Lea Gerschwitz
Theater HORA – *Je langsamer, desto schneller*, hg. von Georg Kasch und Stephan Stock

In Vorbereitung:
Schwabinggrad Ballett & ARRiVATi
Showcase Beat Le Mot

Alexander Verlag Berlin 2024
Alexander Wewerka, Fredericiastr. 8, D-14050 Berlin
info@alexander-verlag.com | www.alexander-verlag.com

Lektorat: Christin Heinrichs-Lauer
Gestaltung: Antje Wewerka
Druck und Bindung: Interpress, Budapest
ISBN 978-3-89581-625-3 | Printed in Hungary (September) 2024

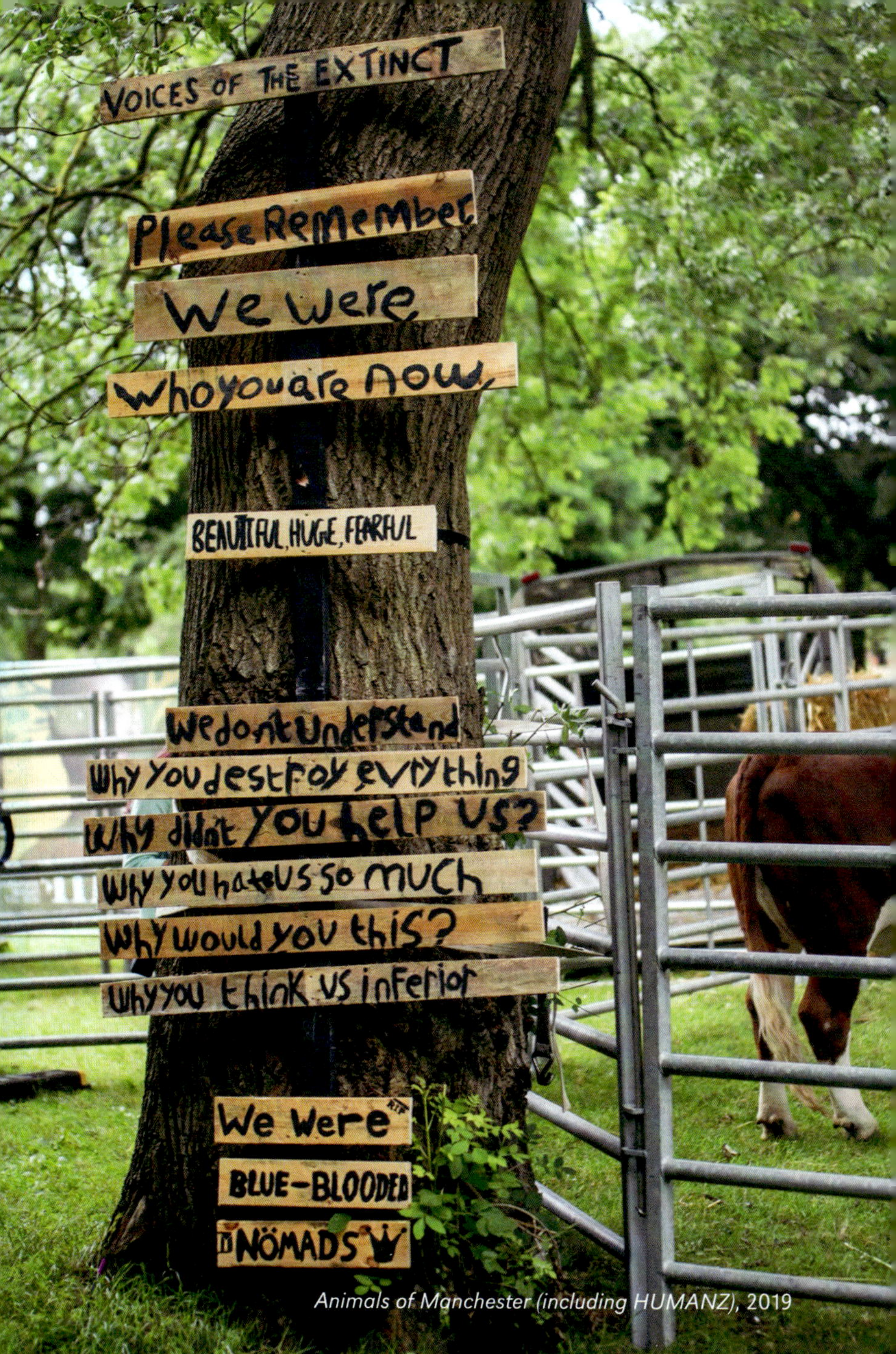

Animals of Manchester (including HUMANZ), 2019

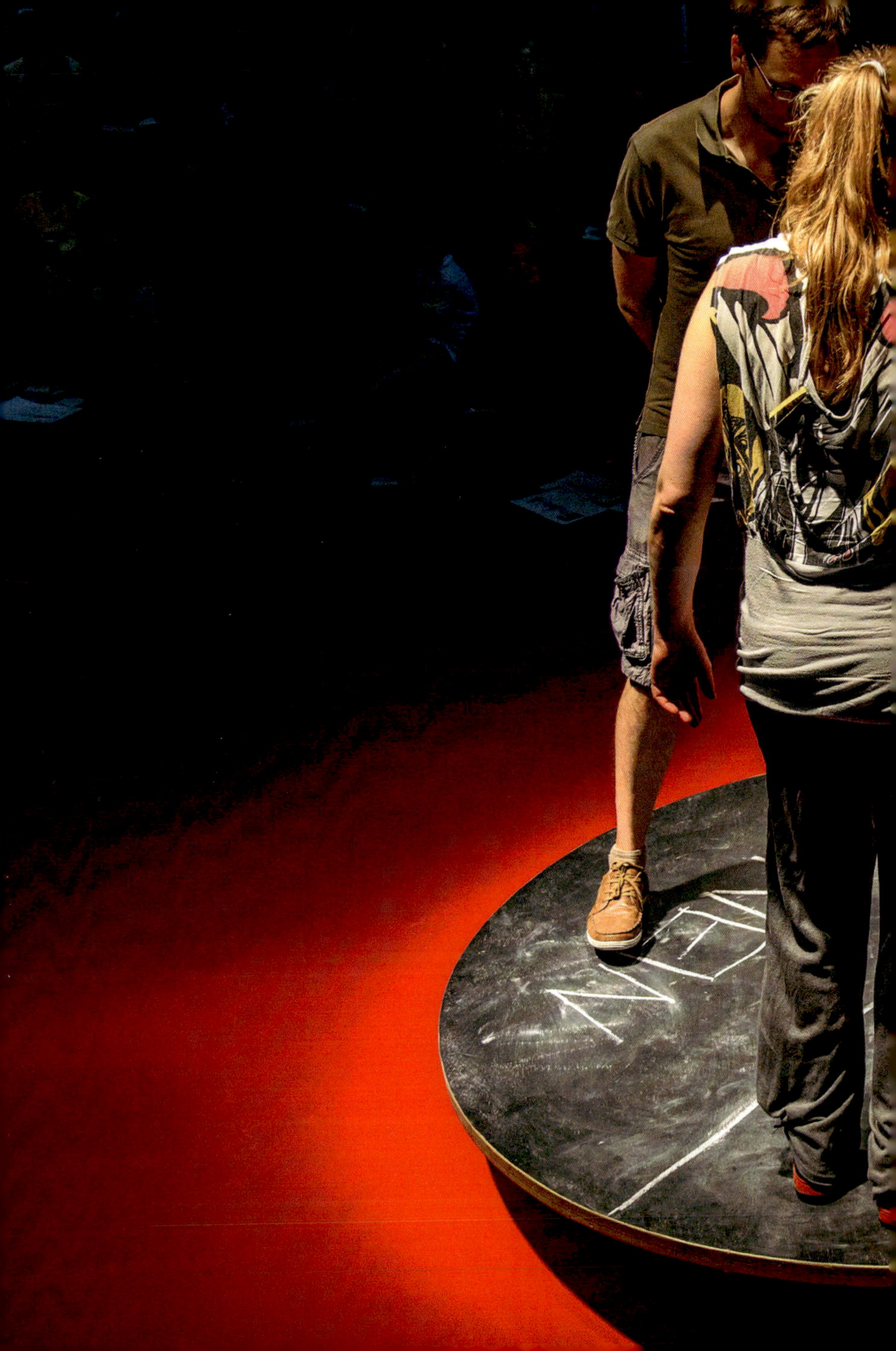

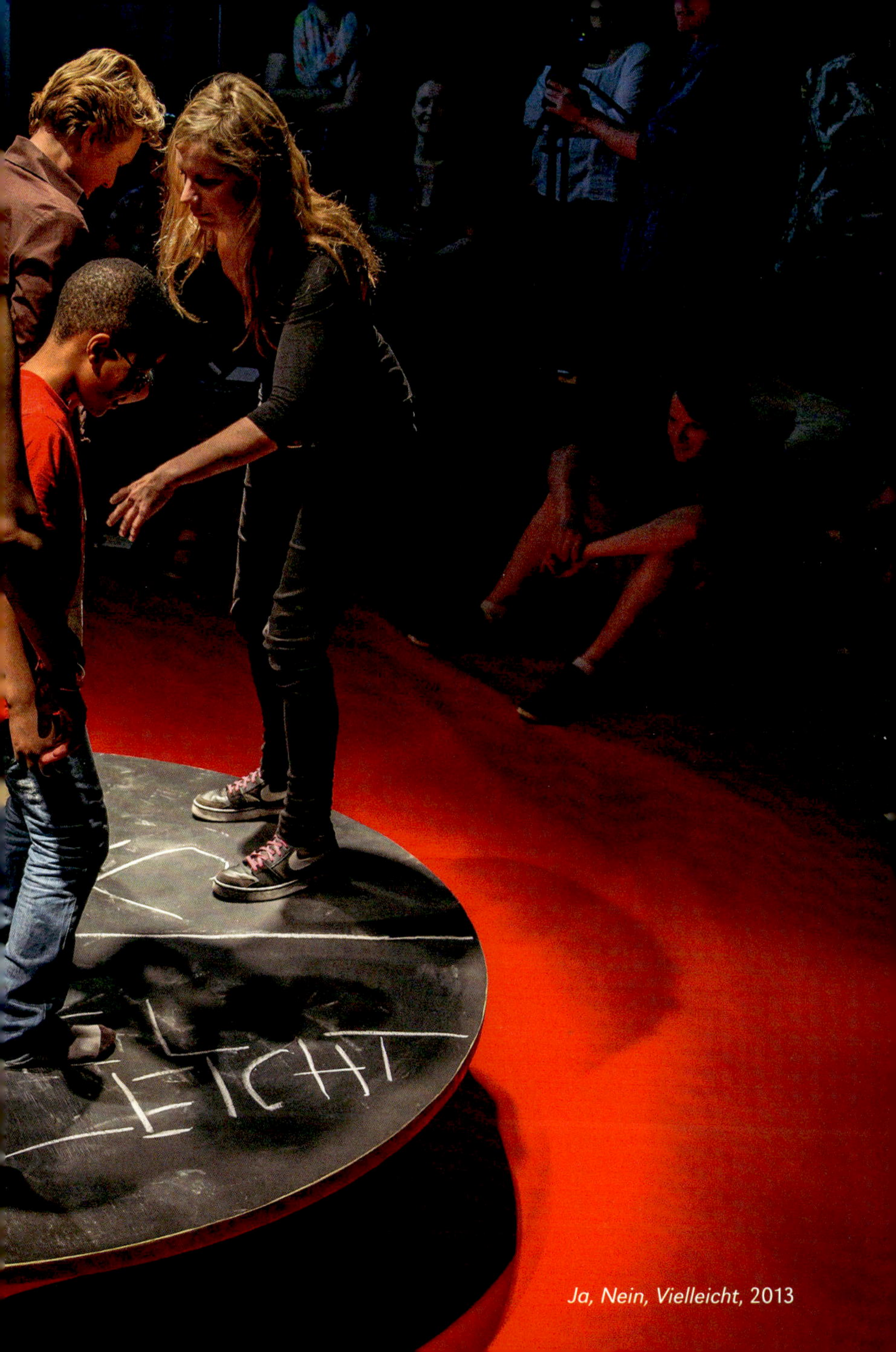

Ja, Nein, Vielleicht, 2013

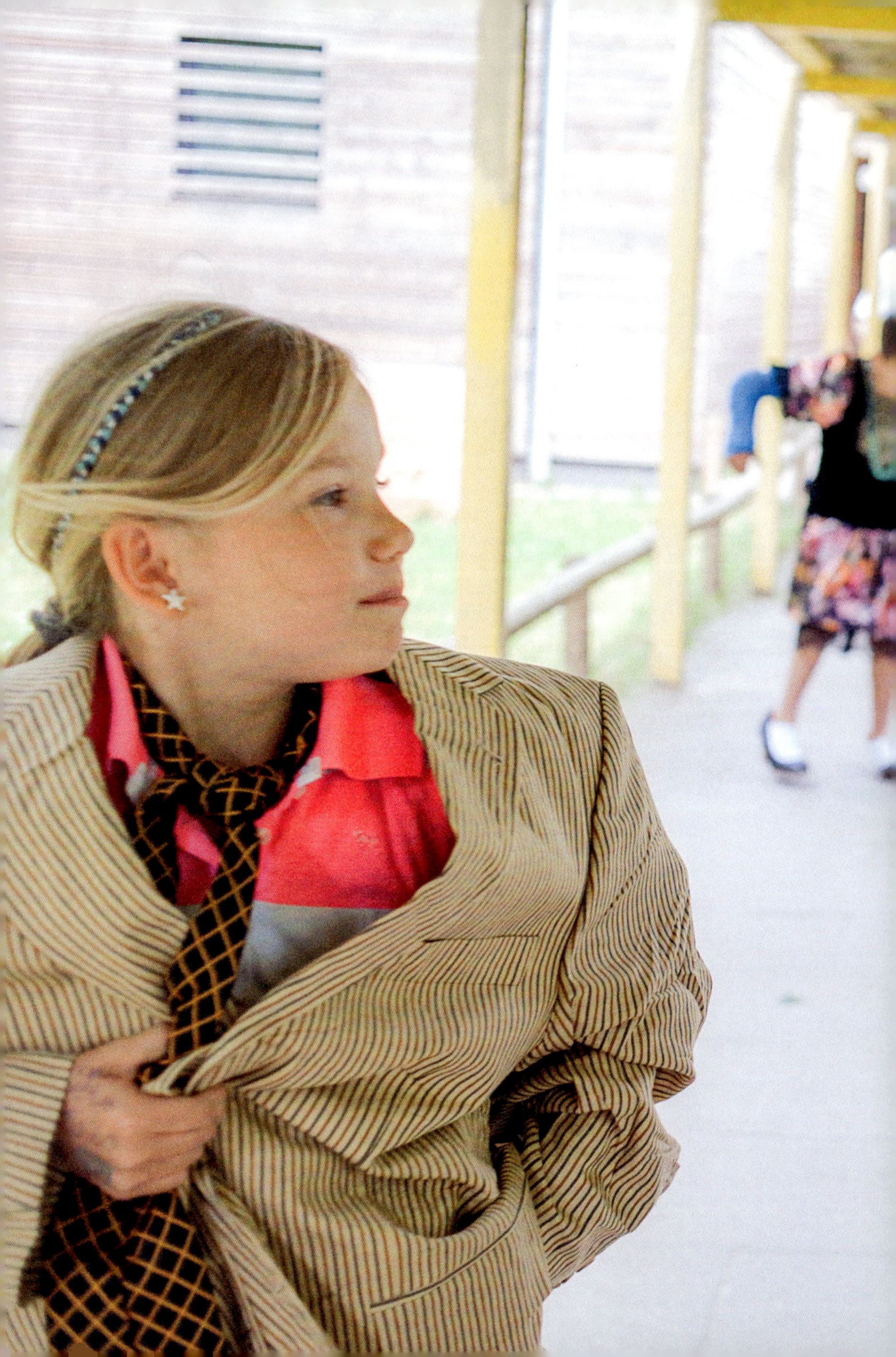

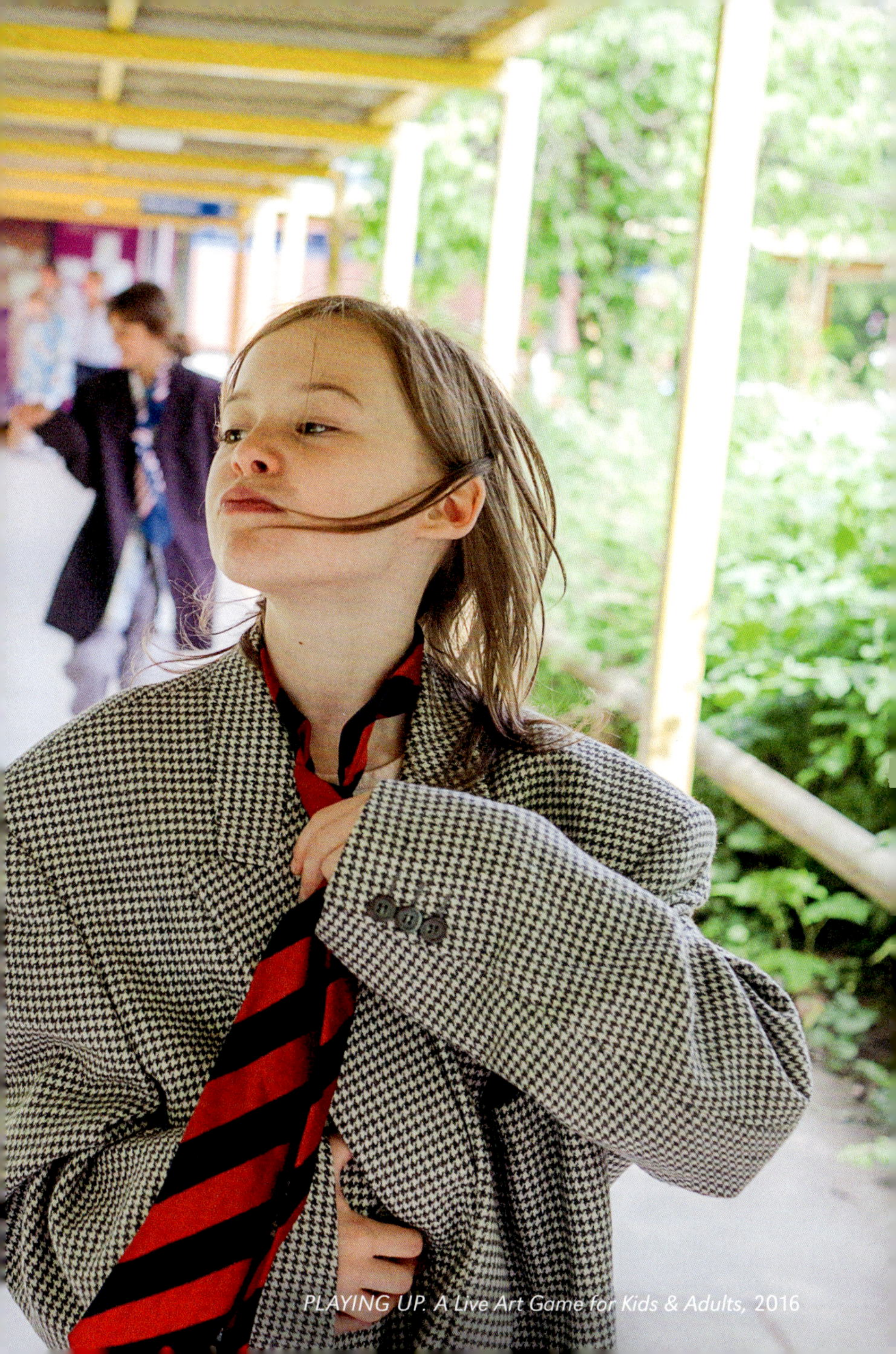

PLAYING UP. A Live Art Game for Kids & Adults, 2016

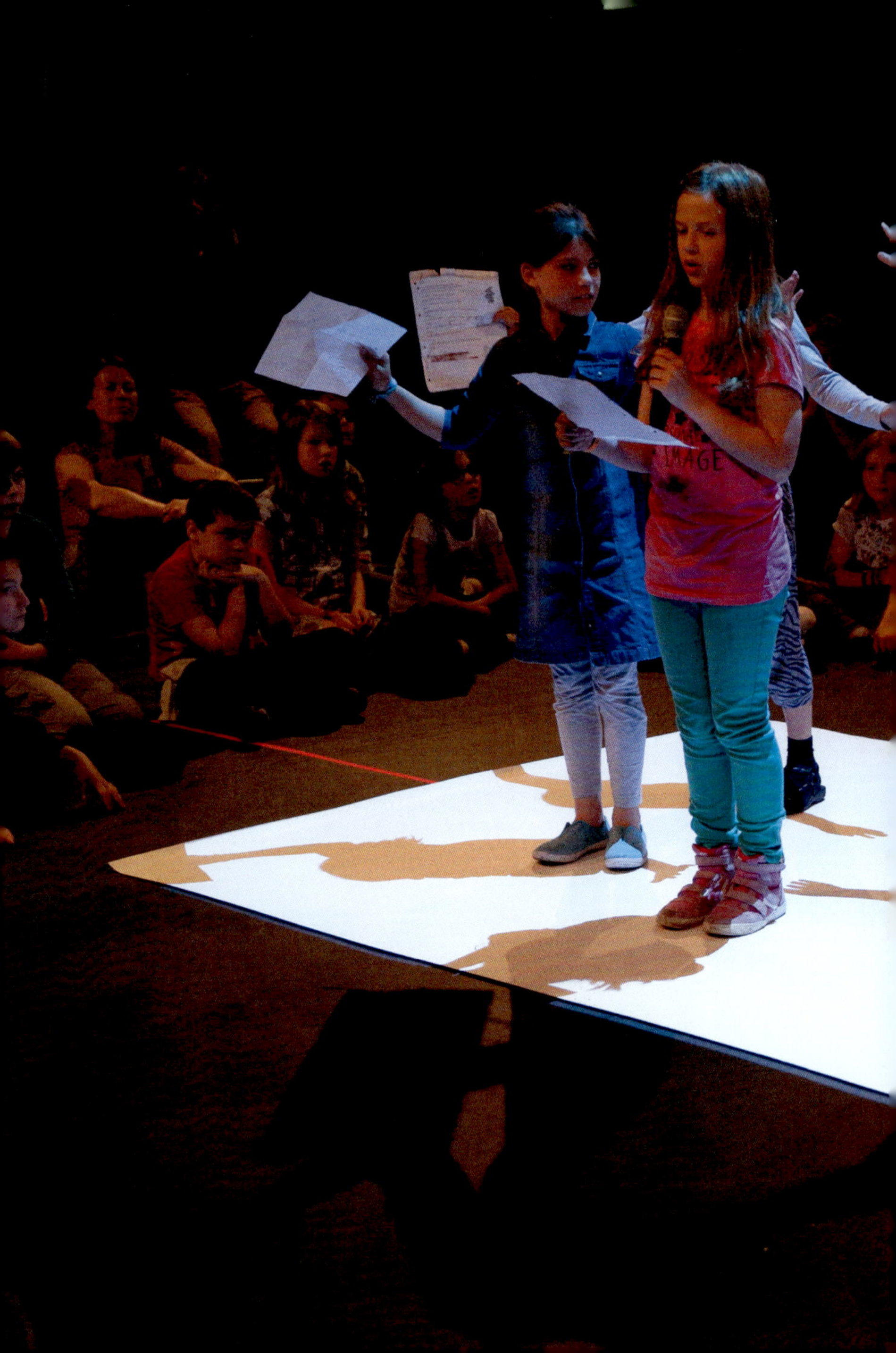
IMAGE

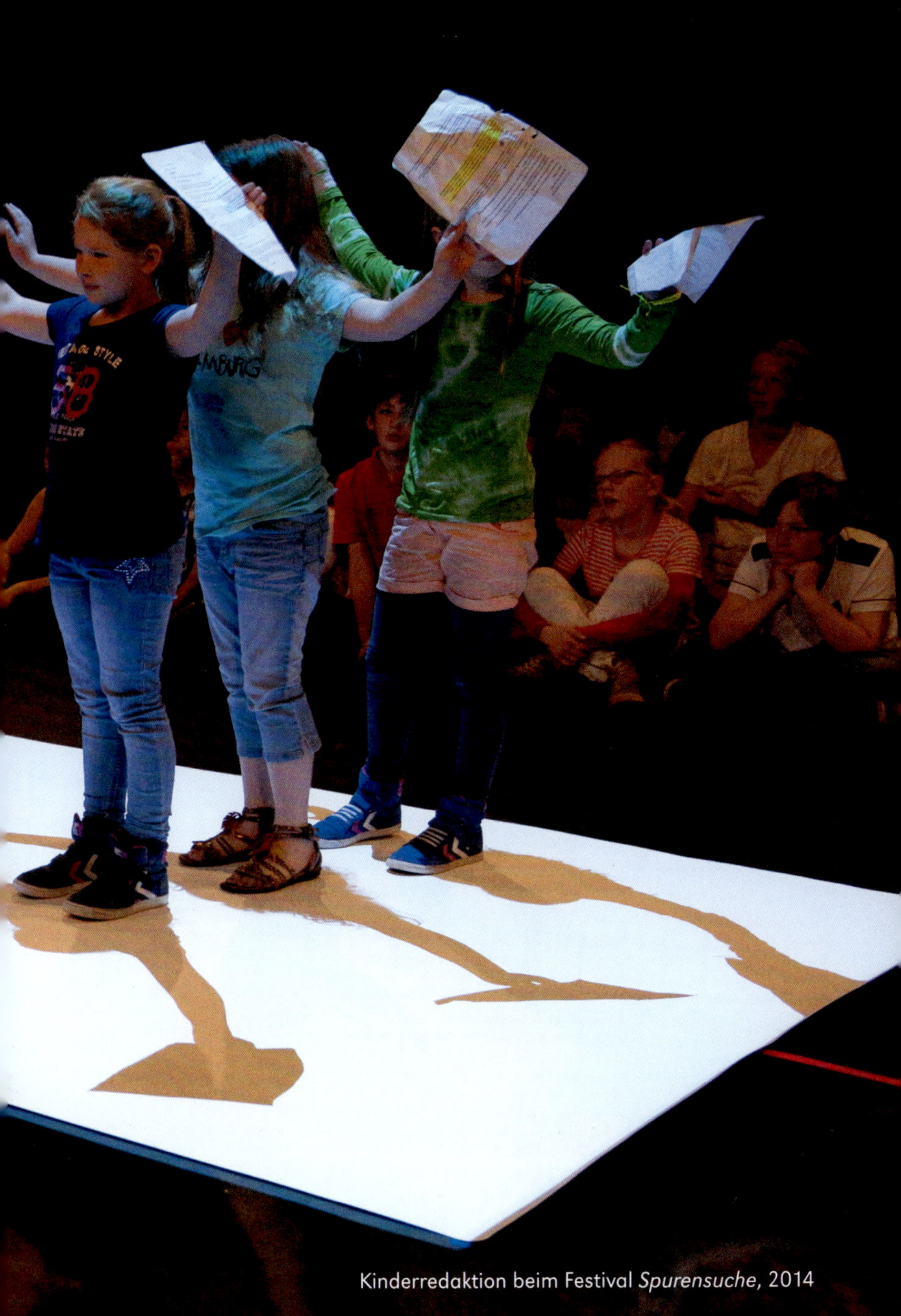

Kinderredaktion beim Festival *Spurensuche*, 2014

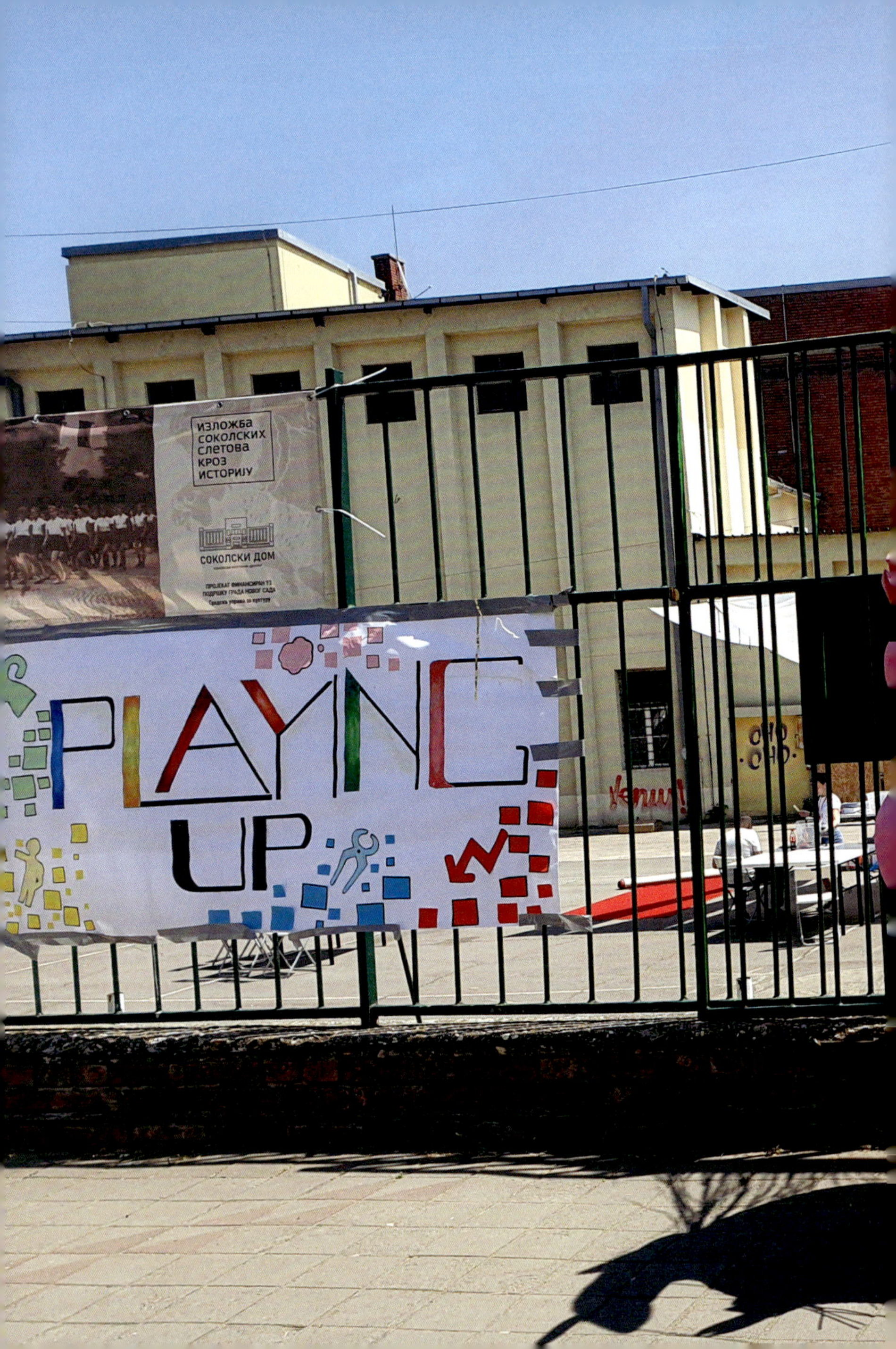
ИЗЛОЖБА
СОКОЛСКИХ
СЛЕТОВА
КРОЗ
ИСТОРИЈУ
СОКОЛСКИ ДОМ
ПРОЈЕКАТ ФИНАНСИРАН УЗ
ПОДРШКУ ГРАДА НОВОГ САДА
PLAYING
UP

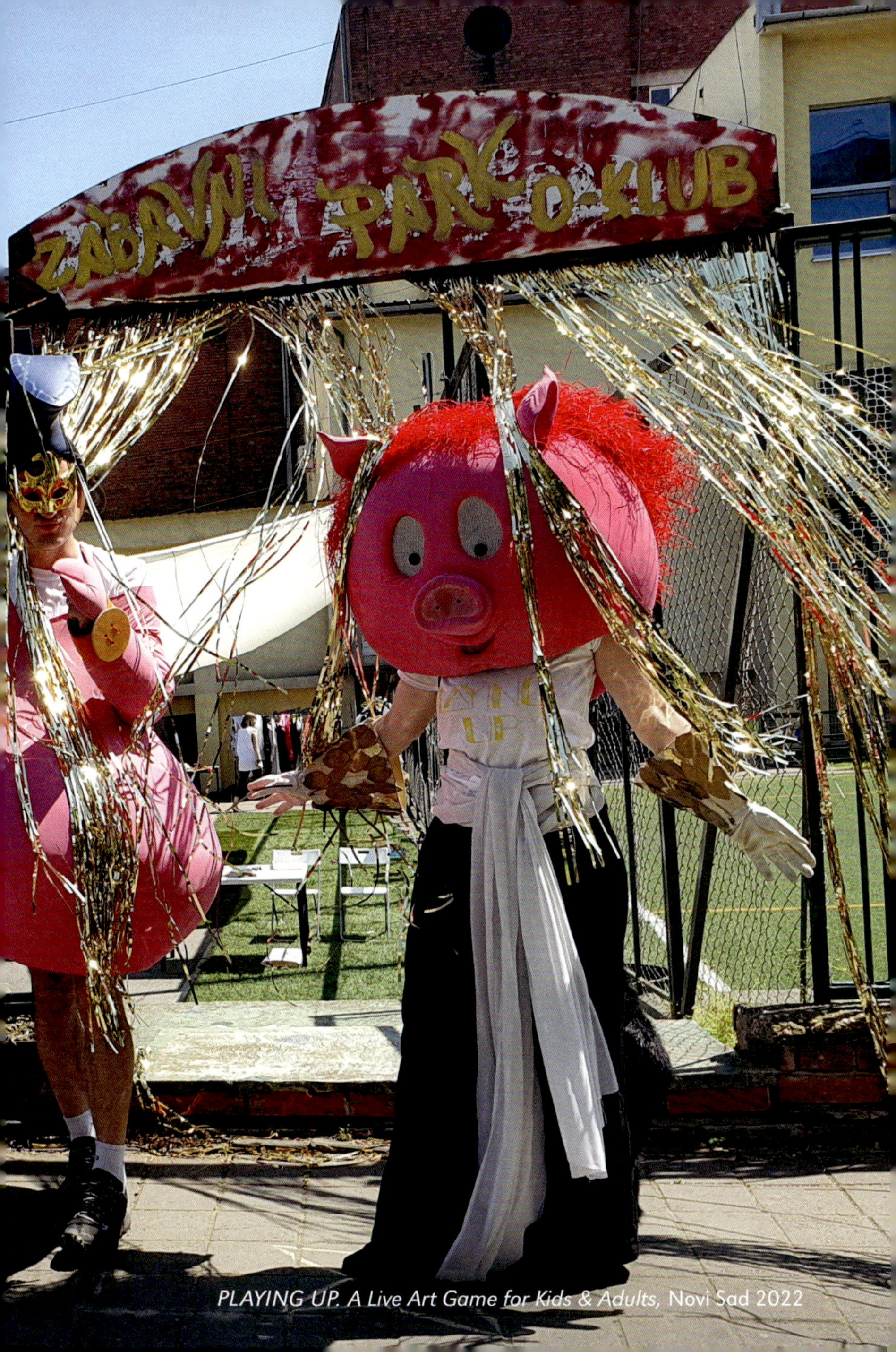

PLAYING UP. A Live Art Game for Kids & Adults, Novi Sad 2022

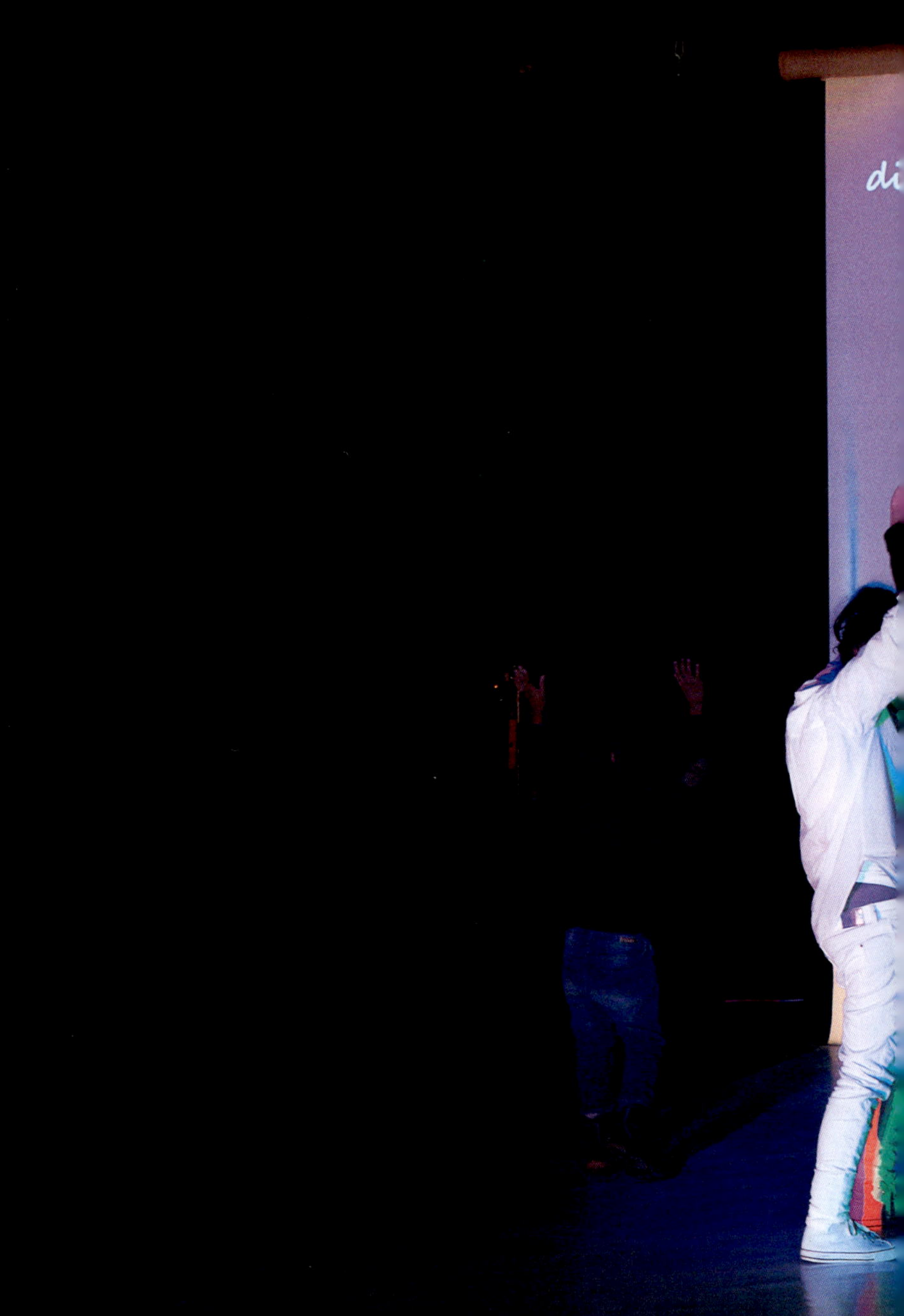

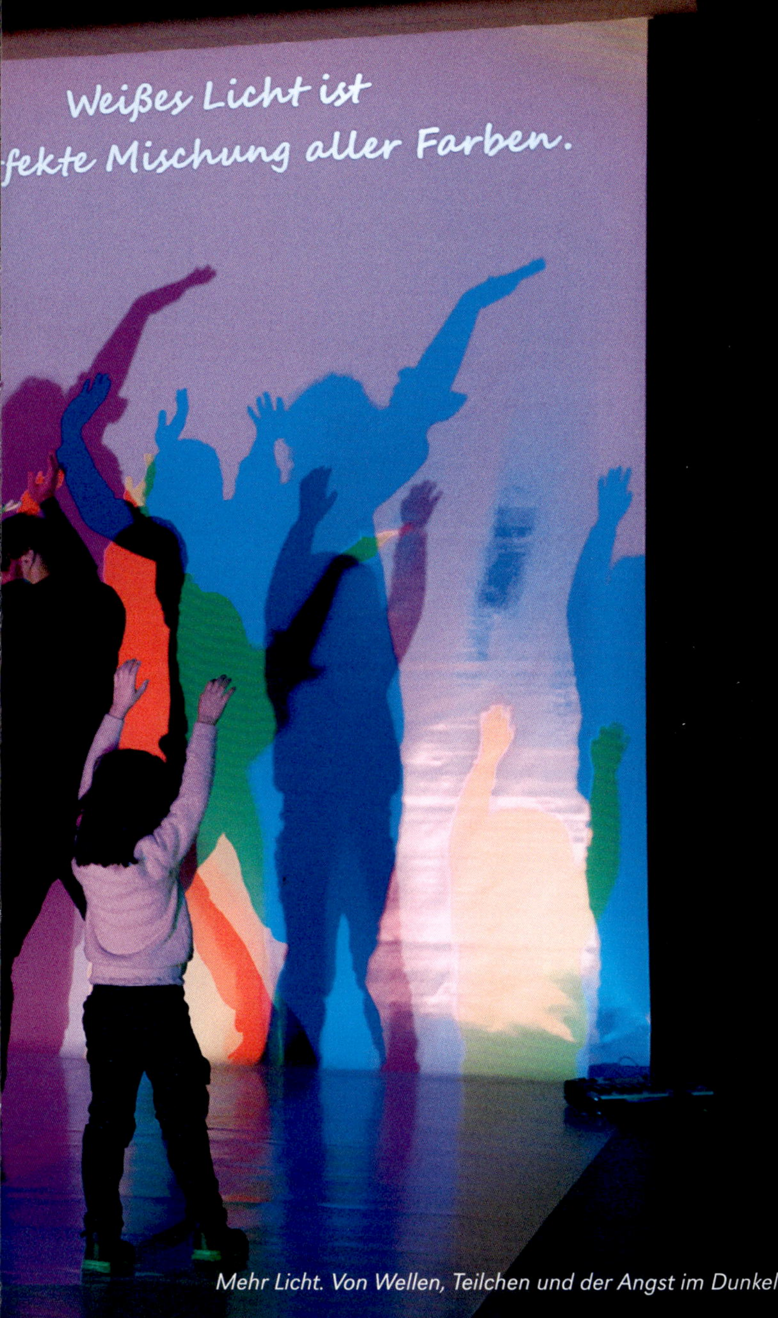

Mehr Licht. Von Wellen, Teilchen und der Angst im Dunkeln

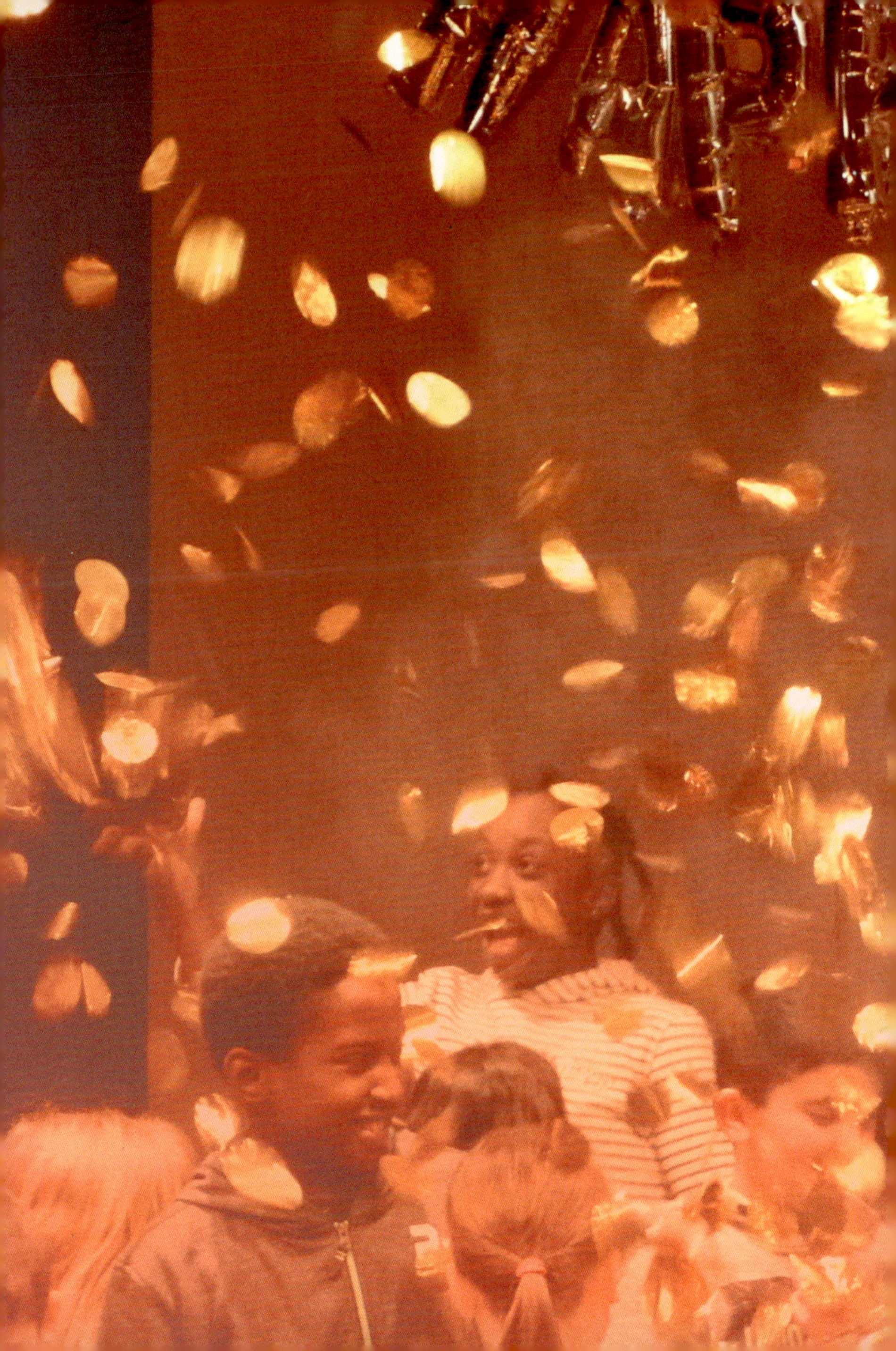

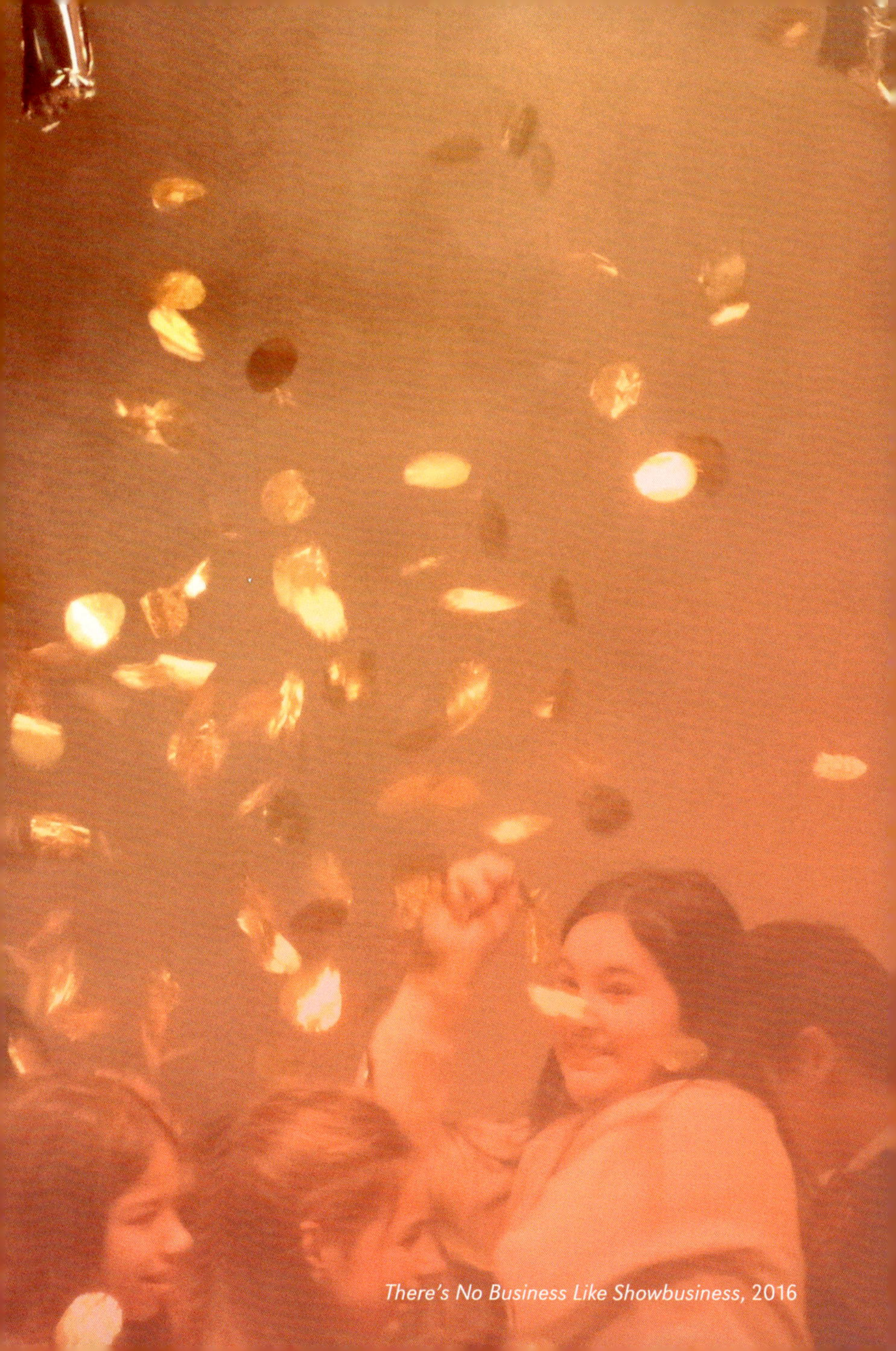

There's No Business Like Showbusiness, 2016

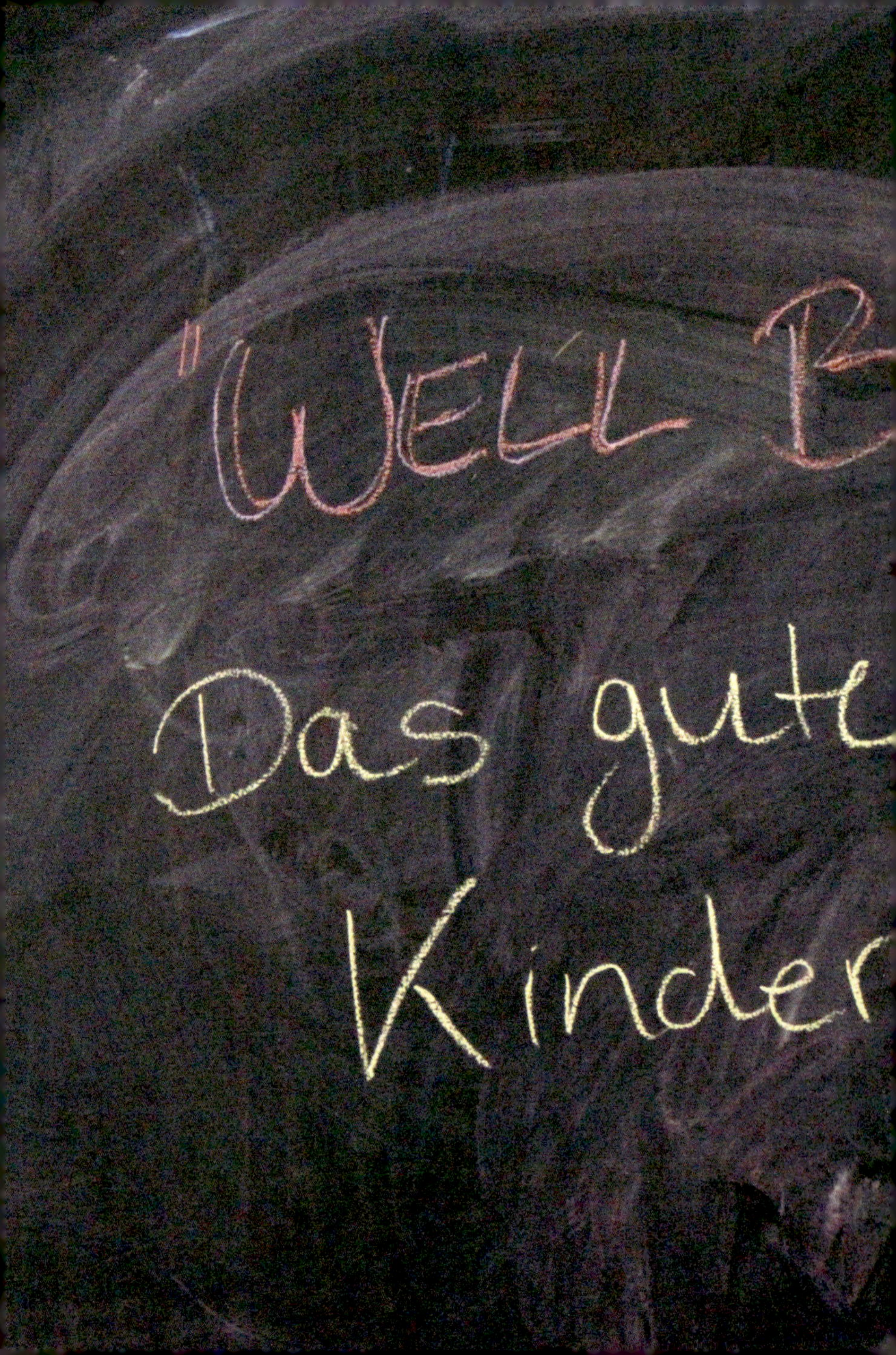

"WELL B

Das gute

Kinder

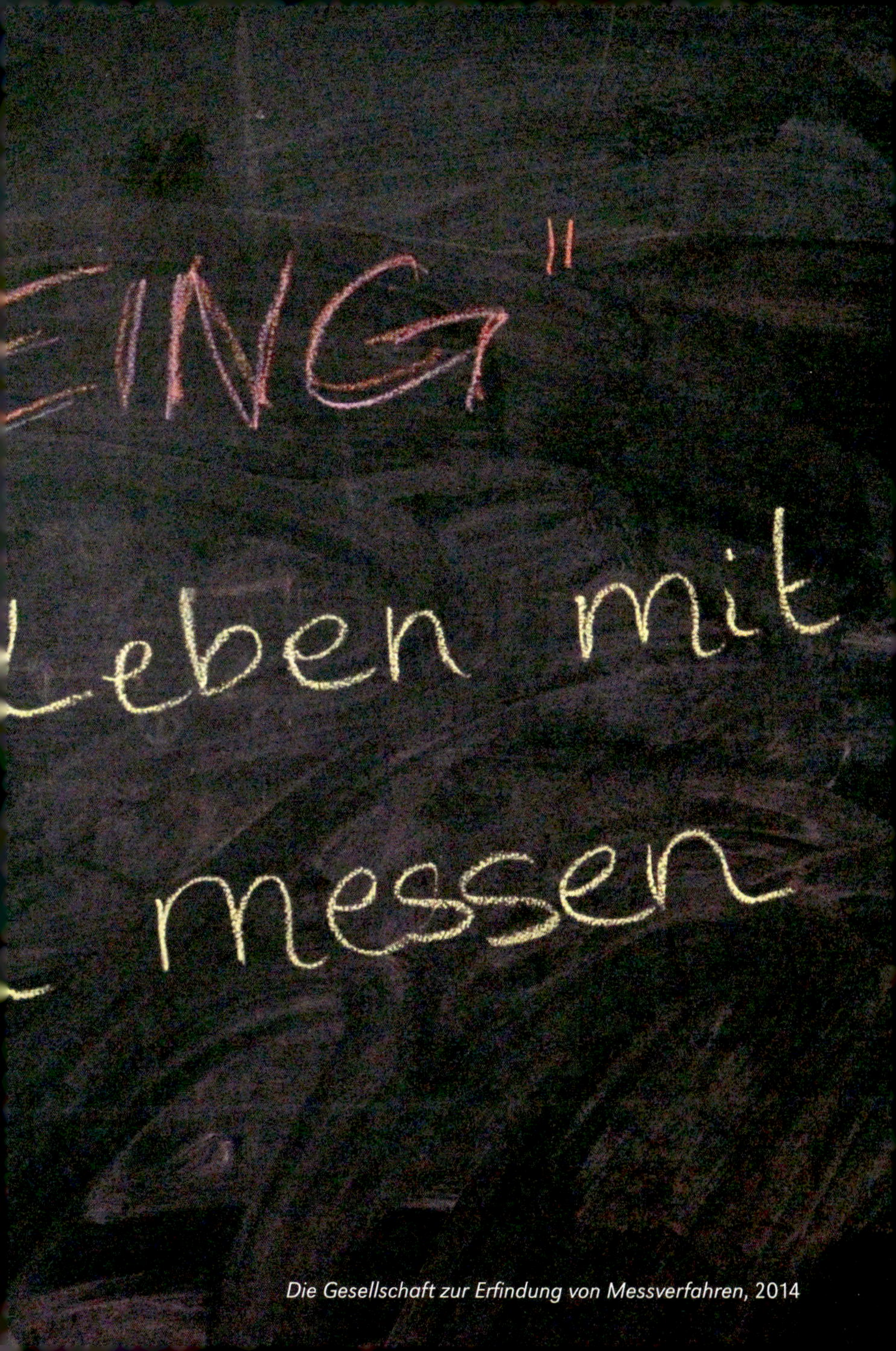

EING"

Leben mit messen

Die Gesellschaft zur Erfindung von Messverfahren, 2014

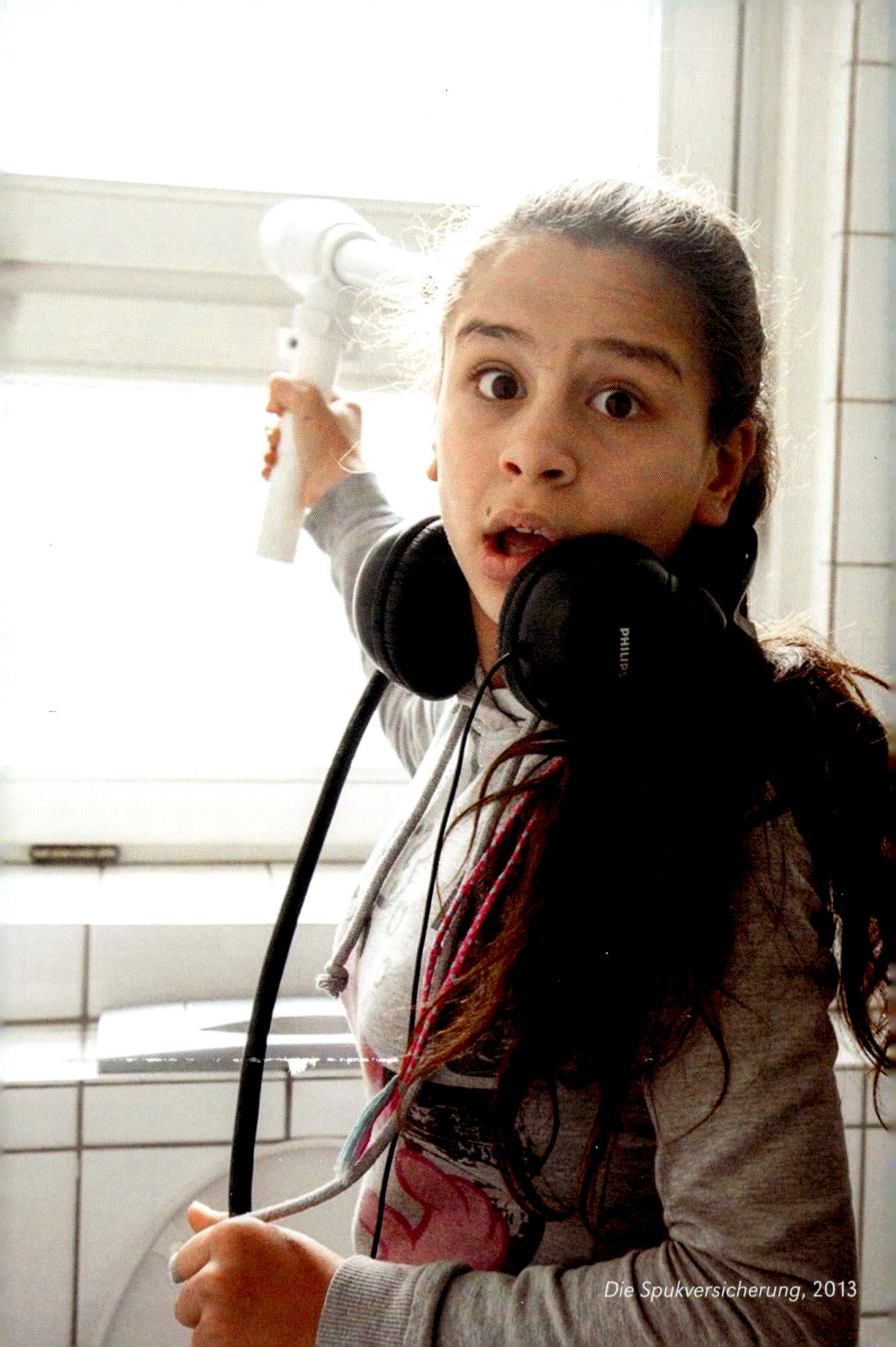

Die Spukversicherung, 2013